These Mountains:
Selected Poems of Rivka Miriam

Rivka Miriam

These Mountains: Selected Poems of Rivka Miriam

TRANSLATED BY

Linda Stern Zisquit

The Toby Press

These Mountains: Selected Poems of Rivka Miriam
First American Edition, 2009

The Toby Press *LLC*
POB 8531, New Milford, CT. 06676-8531, USA
& POB 2455, London W1A 5WY, England
www.tobypress.com

Publication of this work was made possible by grants from The Harold Grinspoon Foundation; Diane Troderman; The Kaplan Program for American Literature, English Department, Bar-Ilan University. Dr. Sharon Baris, Chair; Jean Friedman.

ISBN 978 1 59264 249 6, *paperback original*

A CIP catalogue record for this title is
available from the British Library

Typeset in Garamond by Koren Publishing Services

Printed and bound in the United States

Contents

from THE SOUNDS TOWARD THEM (1982)

from POEMS OF STONE MOTHERS (1987)

from RESTING JEW (2000)

from SAID THE INVESTIGATOR (2005)

from BAAL-HANES AND OTHER BYPASSERS (2006)

from MY FATHER COMMANDED ME NOT TO DIE (2007)

Translator's Note

It was at a party for translators during my first week in Israel in 1978 that someone suggested I meet Rivka Miriam, a young Israeli poet. Shortly afterwards I started translating her poems. The ones that first attracted me were those addressing or reinventing Biblical figures. In her work Rivka Miriam speaks through Rachel, Leah, Isaac and Ruth with playful familiarity. She has described her function as one of carrying the ancient and modern figures of Jewish history inside her.

Rivka Miriam was born in Jerusalem in 1952 to European Holocaust survivors who had immigrated to Israel in 1950. While her parents and one aunt survived the war in hiding, all the other members of their family died in the war. Rivka Miriam's pen name consists of her first name, given to her in memory of her father's mother, and her middle name, given to her in memory of her father's little sister, both of whom died in the Treblinka concentration camp.

Her parents came to Israel from a small town near Warsaw, Poland. Her father was the Yiddish writer Leib Rochman, author of a diary *The Pit and the Trap* (Schocken Press, NYC) and other books. Rochman and his wife were married three months before the liquidation of their home town, and during the war, were for a time hidden by a thief and the thief's prostitute-sister. After the war, they went to Switzerland and Paris, where Rochman recuperated from tuberculosis. The couple arrived in Israel believing they had come inside a miracle.

They talked openly about their experiences in Europe and about their relatives who had perished. Their Jerusalem home became legendary; constantly filled with guests, it was a meeting place for many writers, intellectuals, artists, musicians and students. Rivka describes her father as "a charismatic man, a popular 'rebbe' who felt that he lived at a great time in Jewish history," and attributes her own close connection with the figures of Jewish history to the fact that her parents talked about them as though they were still alive. "My parents felt the revival of the Jewish people, no less than they felt the Holocaust." Speaking Yiddish at home, and bearing the names of her grandmother and aunt who were murdered by the Nazis, she saw herself as a Holocaust victim returned from the dead.

Rivka Miriam's earliest published poems about her grandmother earned her the title "Holocaust poet" when she was still a young teenager. In her later work she takes a more subtle and oblique approach to the subject. Clearly her parents' and their families' experiences in Europe during the war, their joy in survival, their belief in the rejuvenation of Jewish life in Israel and their unusual willingness to speak to her about their past make up an essential part of her worldview, providing some of the threads woven into the fabric of her writing. With childlike wonder and fear she balances between the abyss of that evil attempt to erase her history, and the heights of "these mountains," proof of a regenerative Jewish survival.

Considered a *yeled-peleh* [wonder child] or child prodigy, Rivka Miriam's first collection of poetry was published when she was fourteen. Her paintings were shown in a solo exhibit at the Tel Aviv Museum when she was sixteen. Since that time she has published twelve collections of poetry, several children's books, two volumes of short stories, and won numerous literary awards. She has twice been the recipient of the prestigious Prime Minister's Award.

* * *

What is second-nature to Rivka Miriam may need some explanation for her English-speaking audience. Immersed in Jewish tradition, Jewish lore, and mystical texts, Rivka Miriam connects two worlds—the Heavenly and the Earthly—bringing the Heavenly down to an "empty room empty room" (from "*Sh'ma Yisrael*"). The unconscious out of which her poetry unfolds is saturated with the Kabbalist tradition. Though not traditionally observant, her parents sent her to religious schools in Jerusalem where she discovered classical Jewish textual material and developed an ongoing interest in Jewish texts.

Rivka Miriam's work reflects a profound attraction to the rabbinic belief in the timeless nature of Torah, understood broadly as the entire body of Jewish religious teaching. She speaks in her poetry of something eternal, fixed and stable in a world of chaos and fear; and focuses on the tension between destruction and rebirth, between substance and absence, on the *yesh* [what is] and the *ayin* [what is not].

While extremely well-read, and coming from a literary family, she presents a naive, innocent, almost childlike connection to the Jewish sources. She may make light of the influences on her work, but an understanding of her connection to certain traditions can only deepen one's appreciation of her art. She presents a self tapping into the unconscious, a sort of faux naïf attempting to stay a little girl, and she sustains that persona—neither clever nor sophisticated—as part of a technique to maintain a natural fresh innocence, a sense of wonder in her work.

* * *

The early Zionist movement was founded on a strong emotional and ideological connection to the Land of Israel. It was not based on a claim for something God-given but rather, for most of the Jews of the Diaspora, on a necessity to be made whole with the land again. Dispossessed of land, the Diaspora Jews' only connection to the land had been within the traditional Jewish texts. Their dream was to come back and work the soil, and by working it, to experience a transformation of the self through farming and the use of the Hebrew language. It was a romantic connection based on redeeming the land, on building the kibbutz.

Rivka Miriam also belongs to such a tradition. She has retained an innocence and connection to the land, a belief in its power to transform the self and the Jewish nation, especially after the Holocaust's attempt to erase it. Unlike most Israeli poets since the sixties, who respond primarily to urban Israel and otherwise treat the land with irony, Rivka Miriam has held on to her mystical, emotional connection to the Land of Israel and its history, and an unmediated relationship to God in his manifestation in this world.

* * *

Among Rivka Miriam's many admirers are the writers David Grossman and Aharon Appelfeld, and the Kabbalah scholar Yehuda Liebes. David Grossman writes of her, "Rivka Miriam's poetic voice is one of the most refined, profound and moving in Jewish and Israeli poetry today…she has the courage to follow a unique internal voice, to pass through signposts of palpable reality to a different dimension, hallucinatory and surrealistic, which always manages to remain close to the experience, the feelings, the body…her Hebrew is a singular combination of all the levels of the language, ancient as well as new…"

I am delighted and honored to present Rivka Miriam's rich and imaginative verse to the English-reading world.

Linda Zisquit
March 2009

עוֹד

דָּפַק אֱלֹהִים בְּחַלּוֹנִי
וְיִקְרַן עוֹר פָּנַי.
עָבְרָה רוּחוֹ אֶת סִפִּי
וַיִּפַּעֲרוּ לִקְרָאתוֹ עֵינַי.
הִשְׁאִיר אֶצְבְּעוֹתָיו טְבוּעוֹת
עַל אֶד חַלּוֹנִי
נִשְׁאַר רֵיחַ נְשִׁימָתוֹ
בְּתוֹךְ חֲדָרִי.
נִשְׁאַר צִלּוֹ חָבוּא
אֲחוֹרֵי וִילוֹן מִשְׁיִי
וּמְהַדְהֵד שִׁירוֹ הֶעָמֹק
מִתּוֹךְ רִצְפָּתִי.
הָיָה אֱלֹהִים בַּחֲדָרִי
וְהָיוּ לוֹ צָרִים הַקִּירוֹת
וַיֵּצֵא מֵחֲדָרִי וַיָּנוּס
לְבֵין הַשָּׂדוֹת.
רַק רֵיחוֹ עוֹד שׁוֹכֵן בִּי
אֶצְבָּעוֹ עוֹד טְבוּעָה בְּמִצְחִי
עוֹד חֹסֶר־גּוּפוֹ יֶשְׁנוֹ בְּעֵינַי
עוֹד מְהַדְהֵד בִּי הַבְּכִי,
הֶחָלוּל, רֵיקָנִי.

Still

God knocked on my window
and the skin of my face shone.
His spirit passed my doorstep
and my eyes opened wide towards him.
He left his imprinted fingers
on the mist of my window
the scent of his breath
remained in my room.
His hidden shadow remained
behind my silk curtain
and his deep song echoed
from within my floor.
God was in my room
and the walls were too narrow
so he left my room and fled
into the fields.
Only his scent still resides in me
his finger still imprinted on my forehead
still the absence of his body is in my eye
still echoes in me his
hollow, empty cry.

לְבַדּוֹ

סָתַם הָאֵל אֶת רַחְמוֹ וְיִדֹּם הַסָּבִיב.
חָשׁ הַכֹּל — נִתְעַוֵּר — כִּוֵּץ רַגְלָיו וְנִרְדַּם.
נִשְׁאַר אֵל גָּדוֹל לִשְׁלֹט בַּסָּבִיב הַיָּשֵׁן —
בּוֹדֵד וְנִשְׂגָּב וְנוֹרָא. וְהַכֹּל תַּם.
נִשְׁאַר אֵל גָּדוֹל לִשְׁלֹט בַּסָּבִיב הַיָּשֵׁן
וְאֵין רַעַשׁ, אֵין קוֹל, אֵין דְּמָמָה.
נִרְדָּם הַכֹּל. לֹא הוֹתִיר אַחֲרָיו הֵד.
לֹא תְּהוֹם, לֹא חָלָל, לֹא שְׁמָמָה.
נִשְׁאַר רַק הָאֵל, לְבַדּוֹ.
לֹא עִוֵּר — וְעֵינָיו רוֹאוֹת לֹא כְּלוּם.
לֹא אִלֵּם — וּשְׂפָתָיו לֹא נָעוֹת.
גּוּפוֹ חַם — וְהוּא לֹא רַחוּם
וְרַגְלָיו הַקַּלּוֹת — דּוֹמְמוֹת.
וְהַכֹּל כֹּה חָלוּל בְּתוֹכוֹ.
נִשְׁאַר אֵל גָּדוֹל לִמְשֹׁל בַּסָּבִיב —
לְבַדּוֹ.

All Alone

God closed his womb and the surroundings were silent.
Then everything went blind and folded its legs and fell asleep.
The great God remained to rule the sleeping surroundings
alone and lofty and awful. And everything is done.
The great God remained to rule the sleeping surroundings
and no noise, no voice, no calm.
Everything fell asleep. Leaving no echo behind.
No depth, no space, no wilderness.
Only God remained alone.
Not blind—yet his eyes don't see.
Not mute—yet his lips don't move.
His body is warm—with no compassion
and his light legs are still.
And everything is so hollow inside him.
A great God remains to govern the surroundings
all alone.

נִמְצֵאתִי

וַאֲנִי, עַצְמִי מָצָאתִי
בְּבֶטֶן אִשָּׁה הָרָה
עֵינַי קְטַנּוֹת וְעִוְּרוֹת
וְהִנְנִי כְּלִי אִלְּמָה.
שָׁמַעְתִּי קוֹלוֹת לוֹחֲשִׁים לִי.
חַשְׁתִּי שֶׁעָטִיתִי נוֹצָה.
שֶׁעָלָה בִּי הָעֵשֶׂב
וְכִסְּתָה אוֹתִי אֲדָמָה.
אֲנִי לֹא נוֹלַדְתִּי.
קַמְתִּי לִתְחִיָּה.

I Was Found

And I found myself
in the belly of a pregnant woman
my eyes small and blind
and I all dumb.
I heard voices whispering.
I was dressed in feathers.
The grass rose up in me
earth covered me.
I was not born.
I was restored to life.

אֵין לִי אִישׁ מִלְּבַד הַתֹּהוּ

אֵין לִי אִישׁ מִלְּבַד הַתֹּהוּ
וְלַתֹּהוּ אֵין מִלְּבַדִּי אִשָּׁה.
וְאָנוּ מִתְנַשְּׁקִים עַל פִּי הַתְּהוֹם
וְחֹשֶׁךְ עַל פְּנֵי תְּהוֹם.
וְלַתֹּהוּ אֵין מִלְּבַדִּי אִשָּׁה.
וְהַתֹּהוּ יָתוֹם וַאֲנִי יְתוֹמָה
וְרוּחֵנוּ מְרַחֶפֶת עַל פְּנֵי הַמַּיִם.

I Have No Man But the Void

I have no man but the void
and the void has no wife but me.
We kiss on the edge of the abyss
and darkness on the surface of the deep.
The void has no woman but me.
The void is an orphan and I am an orphan
and our spirit hovers on the face of the waters.

אֲנִי נוֹגַעַת לְאַט בַּצְּעָדִים

אֲנִי נוֹגַעַת לְאַט בַּצְּעָדִים הַמְּהַלְּכִים בִּי.
אֲנִי יוֹדַעַת שֶׁהַכּוֹכָבִים נִרְדְּמוּ מִכְּבָר
אֲנִי יוֹדַעַת שֶׁהַכּוֹכָבִים יְשֵׁנִים עָמֹק
וְאֵינָם מִתְהַפְּכִים בִּשְׁנָתָם.
אֲנִי נוֹגַעַת בַּצְּעָדִים הַמְּהַלְּכִים בִּי,
אֲנִי מִתְעַטֶּפֶת בְּשַׂעֲרוֹתַי כִּבְתוֹךְ מַבָּטִים,
אֲנִי מְדַבֶּרֶת אֶל הַכּוֹכָבִים בְּלַחַשׁ,
מְסַפֶּרֶת לָהֶם עַל שְׁנוֹת נְסִיכוּתִי בְּאֶרֶץ מִדְבָּר.
יוֹדַעַת שֶׁהַלַּיְלָה שׁוּב אֵינִי נְסִיכָה,
שֶׁהַלַּיְלָה אֲנִי רַק נַעֲרַת־רְחוֹבוֹת הַנִּגְמֶרֶת לְאַט.
צְעָדִים שְׁקֵטִים מְהַלְּכִים בִּי
וַאֲנִי נוֹגַעַת בָּם.

I Slowly Touch the Footfalls

I slowly touch the footfalls walking in me
I know the stars are long asleep
and I know the stars are sleeping deeply
and they don't turn in their sleep.
I touch the footfalls walking in me,
I'm wrapped in my hair as within glances,
I speak to the stars in a hush,
telling them of my years of princedom in a desert land.
Knowing that tonight I am princess no more,
tonight I'm but a girl of the slowly ending streets.
Quiet steps are walking in me
and I touch them.

אֲהוּבִי

אֲהוּבִי,
שֶׁמּוֹצָאֲךָ מֵאִיֵּי הַדְּקָלִים הָעֲטוּפִים בְּמִטְפַּחַת שְׁקוּפָה,
הָבָה אֶלְחַשׁ לְךָ לְאָזְנְךָ הַמְּפֻתֶּלֶת:
אֲבוֹתַי מֵתוּ כֻּלָּם,
אֲבוֹתַי מֵתוּ.
כֻּלָּם.
אַתָּה תִּזְדָּרֵחַ וְתַחְשֹׁב עַל אִיֵּי הַדְּקָלִים
הָעֲטוּפִים בְּמַגֶּבֶת לְאוֹר הַשֶּׁמֶשׁ הַבּוֹעֲרָה.
אֲנִי אֶעֱמֹד לְמַרְגְּלוֹת הַיָּם
שׁוֹתָה קֶצֶף, מְלַחֶשֶׁת לְאָזְנְךָ:
אֲבוֹתַי — כֻּלָּם.
עֲצֵי אִזְדָּרֶכֶת יִלְכְּדוּנוּ בְּסַרְעֲפוֹתֵיהֶם
נֵשֵׁב בְּאֶמְצַע הַשְּׁבִיל
וְנֹאהַב.

My Love

My love,
who comes from the transparently veiled Palm Islands,
let me whisper into your curved ear:
my fathers are all dead,
my fathers are dead.
All of them.
You'll begin to radiate and think of the Palm Islands
wrapped in a towel under the burning light of the sun.
I'll stand at the foot of the sea
drinking foam, whispering in your ear:
my fathers—all of them.
Margosa trees will catch us in their branches
we'll sit in the middle of the path
and love.

לְבַדִּי

נִשְׁאַרְתִּי לְבַדִּי תַּחַת הַשָּׁמַיִם
וְיָשַׁבְתִּי עַל סַפְסָל
וְסִפַּרְתִּי לֶאֱלֹהִים עַל הָאֲנָשִׁים שֶׁהִכַּרְתִּי
וּפִתְאוֹם הָלְכוּ מֵעִמִּי.
וְסִפַּרְתִּי לוֹ עַל הַפְּרָחִים שֶׁאָהַבְתִּי לְהָרִיחַ
וְעַל הַשָּׂדוֹת הָרְחָבִים.
נִשְׁאַרְתִּי לְבַדִּי תַּחַת הַשָּׁמַיִם
וְלֹא יָדַעְתִּי אִם עוֹד יֵשׁ שָׁמַיִם.
יָשַׁבְתִּי עַל סַפְסָל בָּאֶמְצַע
וְסִפַּרְתִּי לֶאֱלֹהִים עַל הַשָּׁמַיִם
שֶׁאֵינִי יוֹדַעַת אִם עוֹד נִמְצָאִים הֵם, וְהֵיכָן,
שֶׁאוּלַי הֵם עֲטוּפִים בִּי וְאוּלַי אֲנִי עֲטוּפָה בָּם.

Alone

I remained alone
and sat on a bench
speaking to God about the people I met
who suddenly left me alone.
I told him about the flowers I loved to smell,
about the wide fields.
I remained alone under the sky
and didn't know if there was sky anymore.
I sat in the middle on a bench
and spoke to God about the sky
that I'm no longer sure is still there, or where,
whether it envelopes me
or perhaps I'm wrapped around it.

הִתַּרְתִּי כַּפְתּוֹרֵי שִׂמְלָתִי

וְאָז
הִתַּרְתִּי כַּפְתּוֹרֵי שִׂמְלָתִי
וְיָלַדְתִּי אֶת בִּתִּי.
שְׁמוֹנָה מֵתִים זְקוּפִים בִּי הֵאִיצוּ דּוּמָם.
וְיָלַדְתִּי אֶת בִּתִּי.
דָּמִי הָיָה שָׁקוּף וָרַב
זֶרֶם דַּקִּיק שֶׁל בַּד עָטַף אוֹתִי.
שְׁמוֹנָה מֵתִים כִּבְדֵי־טַבּוּר גָּוְעוּ לְצִדִּי.
אִישׁ מְשֻׁגָּע וְגָבוֹהַּ רָץ וְצָעַק, רָץ וְצָעַק.
הַיּוֹם הָיָה כָּלֶה וְהוֹלֵךְ וְלֹא בָּא הַלַּיְלָה.
הַיּוֹם נִגַּר אֶל קִרְבִּי כְּשֶׁטֶף שֶׁל חוֹל.
שְׁמוֹנָה מֵתִים מְפֻקָּרִים נִבְרוּ בְּשִׂמְלָתִי.
וָאֵלֵד אֶת בִּתִּי.

I Loosened the Buttons of My Dress

and then
I loosened the buttons of my dress
and gave birth to my daughter.
Eight erect dead were rushing me in silence.
And I gave birth to my daughter.
My blood was transparent and profuse.
A thin flow of cloth enveloped me.
Eight heavy belly-buttoned dead were dying beside me.
A tall crazy man was running and screaming
running and screaming.
The day was coming to its end
and night never came.
The day was spilling into me as a stream of sand.
Eight wanton dead were clawing at my dress.
And I gave birth to my daughter.

עֲשֵׂנִי נָהָר

עֲשֵׂנִי תְּחִנָּה לְפָנֶיךָ.
עֲשֵׂנִי נָהָר.
אֱמֹר אוֹתִי בְּפֵאוֹת מְעָטָר.
הֲרֵינִי תַּחֲנוּן לְפָנֶיךָ.
עֲשֵׂנִי נָהָר.

Make Me Into a River

Make me an entreaty before you
Make me into a river
Say me adorned with side-locks.
I am a beseechment before you.
Make me into a river.

מוּת בִּי

מוּת בִּי.
מִי בָּאֵשׁ וּמִי בַּמַּיִם וּמִי בַּתְּהוֹם.
הוֹשַׁטְתִּי שׁוֹשַׁנָּה אֵלֶיךָ.
פָּסַקְתִּי מִנְּשֹׁם.
מוּת בִּי מוּת בִּי מוּת בִּי
וְחֹשֶׁךְ עַל פְּנֵי תְהוֹם.

Die in Me

Die in me.
Who by fire and who by water and who in the great abyss.
I extended a rose to you.
I stopped breathing.
Die in me die in me die in me
and darkness over the surface of the deep.

הַנַּעֲרָה שֶׁטָּבְעָה בְּתוֹךְ הַבְּאֵר

הַנַּעֲרָה שֶׁטָּבְעָה בְּתוֹךְ הַבְּאֵר
וְהֶעֱלוּהָ מִשָּׁם רַכָּה וְנוֹטֶפֶת
וּפָנֶיהָ הִשְׁאִירָה בְּתוֹךְ הַבְּאֵר
לָלֶכֶת עִמָּהּ.
הַנַּעֲרָה שֶׁמְּרַשְׁרְשׁוֹת הָיוּ שִׂמְלוֹתֶיהָ
הִשְׁאִירָה פָּנֶיהָ בְּתוֹךְ הַבְּאֵר. לֹבֶן פָּנֶיהָ בְּתוֹךְ הַבְּאֵר.
כֹּה צְמֵאָה הָיְתָה,
אֵלַי.

The Girl who Drowned in the Well

The girl who drowned in the well
and they raised her from there, soft and dripping
and she left her face in the well
to go with it.
The girl whose dresses would rustle
left her face in the well. The whiteness of her face in the well.
Lord, she was thirsty.

בְּאֵרָהּ שֶׁל מִרְיָם

בְּאֵרָהּ שֶׁל מִרְיָם הִתְגַּלְגְּלָה בַּמִּדְבָּר
עֲשׂוּיָה פִּיּוֹת שֶׁל דָּגִים.
הָעָם הַשּׁוֹתִים מִמֶּנָּה
הָיוּ לַמַּיִם
וְהָיוּ מִתְגַּלְגְּלִים אַחֲרֶיהָ בַּמִּדְבָּר
וְהַמִּדְבָּר הִתְגַּלְגֵּל אַחֲרֵיהֶם כְּשָׁטִיחַ.
"עֲלִי , בְּאֵר," שָׁרוּ הָעָם
קוֹלוֹתֵיהֶם הָיוּ חֲשְׁרוֹת עָבִים
וְהַצִּיָּה רָוְתָה אֶת קוֹלָם.

Miriam's Well

Miriam's well was rolling in the desert
made of the mouths of fish.
The nation drinking from it
turned to water
and rolled after her in the desert
and the desert rolled after them like a carpet.
Rise up, well, sang the people
their voices a density of cloud
and the dryness quenched their voices.

מַצְמִידָה אֶת אוֹר נֵרוֹת הַשַּׁבָּת אֶל עֵינַי

מַצְמִידָה אֶת אוֹר נֵרוֹת הַשַּׁבָּת אֶל עֵינַי,
כַּפּוֹתַי אֹהָלִים בָּם שָׁבְתוּ אֲבוֹתַי בַּמִּדְבָּר.
הָאוֹר מִתְכַּרְבֵּל אֶל עֵינַי.
הָאוֹר מִתְלַקֵּט לִפְנִימִי.
כְּשֶׁבַּמִּדְבָּר נָסְעוּ הָיוּ פִּתְחֵי אָהֳלֵיהֶם זֶה מִזֶּה מוּסַבִּים.
כְּשֶׁבַּמִּדְבָּר נָסְעוּ פִּתְחֵיהֶם כִּסּוּ עֲנָנִים.
הַחוֹל וְהָאוֹר הָיוּ נִמְהָלִים,
אֶצְבְּעוֹתַי שְׁבִירוֹת
שְׁעָרַי מוּלָטִים.

Fastening the Light of the Sabbath Candles

Fastening the light of the Sabbath candles
to my eyes, my palms are tents
where my fathers rested in the desert.
The light wraps itself to my eyes.
The light gathers into me.
When they wandered in the desert
the openings of their tents
were turned away from each other.
While they wandered in the desert their openings
covered clouds. Sand and light mixed.
My fingers are brittle.
My hair is veiled.

הַזֶּמֶר אֶל יַעֲקֹב שֶׁהָאֶבֶן מֵעַל פִּי הַבְּאֵר הֵסִיט

הוּא לֹא יָדַע שֶׁאֲנִי לֵאָה
וַאֲנִי — לֵאָה הָיִיתִי.
רָחֵל, אָמַר, רָחֵל, כְּכִבְשָׂה שֶׁהָעֵשֶׂב מִתְעָרֶה בָּהּ
כָּךְ עֲרוּיִים בָּךְ גִּבְעוֹלִים.
עֶדְרֵי רְחֵלִים הָמוּ בֵּין שְׂמִיכוֹתֵינוּ,
יְרִיעוֹת הָאֹהֶל נִמְשְׁכוּ אֶל הָרוּחַ.
רָחֵל, אָמַר, רָחֵל —
וְעֵינַי רַכּוֹת הָיוּ
כְּקַרְקָעִית שֶׁל בֵּיצָה אֲפֵלָה.
אֶל חֶלְבּוֹנֵי עֵינַי לָבְנֵי עֵינָיו הִתָּכוּ.
יִתְרֵי הָאֹהֶל הִתְאַמְּצוּ כָּל כָּךְ
אֶל הָאֲדָמָה לִדְבֹּק
כְּשֶׁהָרוּחַ מִכַּפּוֹת יָדַי נוֹשֶׁבֶת.

וְהוּא לֹא יָדַע שֶׁלֵּאָה אֲנִי
וְעֶדְרֵי בָּנִים פָּרְצוּ מֵרַחְמִי אֶל יָדָיו.

The Song to Jacob who Moved the Stone from the Mouth of the Well

He didn't know I was Leah
and I—I was Leah.
Rachel, he said, Rachel, like a lamb
the grass becomes part of, stems are a part of you.
Flocks of sheep hummed beneath our blankets,
tent-flies were pulled to the wind.
Rachel, he said, Rachel—
and my eyes were weak,
the bottom of a dark swamp.
The whites of his eyes melted
to the whites of mine.
The cords of his tent held fast to the ground
while the wind was blowing from the palms of my hands.

And he didn't know I was Leah
and flocks of sons broke through my womb to his hands.

הַפַּסִּים בְּכֻתָּנְתּוֹ שֶׁל יוֹסֵף

הַפַּסִּים בְּכֻתָּנְתּוֹ שֶׁל יוֹסֵף
כִּשְׁלַבִּים בְּסֻלַּם חֲלוֹמוֹ שֶׁל יַעֲקֹב הָיוּ.
חַמָּה הָיְתָה הַכֻּתֹּנֶת מִשֶּׁמֶשׁ יָרֵחַ וְכוֹכָבִים
אֲלֻמּוֹת נִתְּזוּ מִמֶּנָּה כְּשֶׁהִלֵּךְ בָּהּ יוֹסֵף.
בַּבּוֹר הָיָה כִּבִזְרוֹעוֹת אִמּוֹ רָחֵל הַבְּאֵרִית
מִמַּעַל יִשְׁמְעֵאלִים שׁוֹטְטוּ פַּעֲמוֹנֵיהֶם מְצַלְצְלִים
וְעַל דַּבְּשׁוֹת גְּמַלֵּיהֶם הֱנִיעוּהוּ כְּבִלְבַּב יָמִים
מַפְשִׁיל גָּמָל צַוָּארוֹ כִּזְרוֹעַ אֲרֻכָּה
וְאֶצְעָדוֹת מְפַזְּזוֹת בְּעֵינֵי יוֹסֵף.
אִמּוֹ הַתְּרָפִים עַל גָּמָל הִסְתִּירָה תַּחְתֶּיהָ
לְחָצָתַם אֵלֶיהָ כְּבֻבּוֹת גְּדוֹלוֹת
הוּא נָגַע בָּם בְּאֶצְבָּעוֹ הַקְּטַנָּה
וְהֵם בְּאֶצְבַּע גְּדוֹלָה הִזְדַּקְּרוּ אֵלָיו
הוֹרוּהוּ מִצְרַיְמָה.
אֱלֹהֵי הָעִבְרִים כָּל הַדֶּרֶךְ יָשַׁן תַּחְתָּיו
כְּאֶבֶן גְּדוֹלָה מְקֻבֶּצֶת מֵאֲבָנִים רַבּוֹת.

The Stripes in Joseph's Coat

The stripes in Joseph's coat
were like the rungs in the ladder of Jacob's dream.
The cloak was warm from the sun moon and stars,
sheaves flew off from it as Joseph walked.
In the pit he was as if in the arms of his mother Rachel of the Well
Ishmaelites roamed above, their bells ringing
and on the humps of their camels they moved him
as in the heart of seas.
The camel rolls up its neck like a long arm
and bracelets leap in Joseph's eyes.
On the camel his mother hid the idols under her
pressing them close like large dolls,
he touched them with a small finger
and with a larger finger they stabbed him
shooting him to Egypt.
The God of the Hebrews slept under him the whole way
like a large stone lumped together from many stones.

רָחֵל בִּכְּתָה שָׁם אֶת בָּנֶיהָ

רָחֵל בִּכְּתָה שָׁם אֶת בָּנֶיהָ שֶׁטֶּרֶם נוֹלְדוּ
וְטֶרֶם תִּינוֹקוֹת הָיוּ רַכֵּי פָּנִים שֶׁאִמָּהוֹת אֲלֵיהֶם נְמוֹגוֹת.
בַּשָּׂדֶה עָמְדָה אֶל הָרוּחַ, שְׁקוּפָה כְּצִלָּהּ,
וּבְשָׂרָהּ הָיָה עִם הָאֲדָמָה
יוֹסֵף וּבִנְיָמִין כְּבָר הָיוּ רְגָבִים
וְהִיא בִּכְּתָה אֶת בָּנֶיהָ מוּל הַגְּבָעוֹת.
רָחֵל בִּכְּתָה אֶת בָּנֶיהָ
בְּטֶרֶם לִבְכּוֹת יָדְעוּ
בְּטֶרֶם מִן הֶעָפָר גָּחוּ
כְּדֵי אֵלָיו לָשׁוּב.

* * *

אוֹ אוּלַי בִּכְּתָה רָחֵל אֶת בָּנֶיהָ אַחֲרֵי מוֹתָם
כְּשֶׁנָּחוּ כְּאַבְקָנִים חִוְּרִים בְּרָאשֵׁי הַגִּבְעוֹל
וְקִבְרָהּ הָרָחָב פָּתוּחַ מֵאַרְבַּע רוּחוֹת לְכַנְּסָם
וּזְרוֹעוֹתֶיהָ הָרְחָבוֹת פְּתוּחוֹת אוֹתָם לִקְלֹט
וְהֵם מְרַחֲפִים בִּדְמָמָה אֶל תּוֹךְ בְּכִיָּהּ
כְּאֶל תּוֹךְ גְּבוּלָם.

Rachel Cried There for Her Children

Rachel cried there for her children not yet born
not yet soft-faced infants whose mothers melt to them.
In the field she stood to the wind,
transparent as her shadow,
and her flesh was with the soil.
Joseph and Benjamin already clods
and she cried for her children against the hills.
Rachel cried for her children
before they knew how to cry
before they burst from the dust
to return to it.

* * *

or perhaps Rachel cried for her sons after their deaths
as they rested like pale stamens at the head of the stem
her wide grave opened to the winds collecting them
her arms opened wide to absorb them
and they hovered quietly into her cry
as into their border.

לֵיצָן שִׁכּוֹר חֲבָקַנִי בָּרְחוֹב

לֵיצָן שִׁכּוֹר חֲבָקַנִי בָּרְחוֹב
וָאֲנִיחֶנּוּ לָלֶכֶת עִמִּי.
הוּא הָיָה לֵיצָנוֹ שֶׁל מֶלֶךְ
שֶׁחַי לִפְנֵי מָאתַיִם שָׁנָה
בְּלֵיצָנוּתוֹ עָשָׂה שֶׁבָּא לִחְיוֹת בִּזְמַנִּי
שֶׁבָּא בְּזֶה הַיּוֹם אֶל הָרְחוֹב
וַחֲבָקַנִי בִּזְרוֹעוֹ הָרָזָה.

A Drunken Clown Hugged Me in the Street

A drunken clown hugged me in the street
and I let him walk with me.
He was the jester of a king
who lived two hundred years ago.
In his clowning he came to live in my time
came this very day to the street
and hugged me with his thin arm.

וְאֵשֶׁת לוֹט נִבְרְאָה לִנְצִיב שֶׁל מֶלַח

וְאֵשֶׁת לוֹט נִבְרְאָה לִנְצִיב שֶׁל מֶלַח
וּבְנוֹתֶיהָ לֹא הִבִּיטוּ אָחוֹר
לְבַדָּהּ שָׁרְתָה עִם הַמְּלֵחָה
כְּשֶׁפְּתוֹתִים נִצּוֹקִים סְבִיבוֹתֶיהָ
וּמֶלַח הָיָה בְּרַחְמָהּ שֶׁפַּעַם הָיָה בּוֹ אִישׁ.

And Lot's Wife was Created into a Pillar of Salt

And Lot's wife was created into a pillar of salt
and her daughters didn't look back.
She alone was soaked with the salt
as small crystals formed all over her
and salt was in her womb where once
was a man.

אֲנִי מְנִיקָה אִשָּׁה זְקֵנָה מְאֹד

אֲנִי מְנִיקָה אִשָּׁה זְקֵנָה מְאֹד
וְהִיא מוֹשֶׁכֶת בְּשָׁדַי בְּכָל פֶּה
וְהִיא מְקָרַעַת בְּשָׂרִי.
יֶלֶד עִוֵּר יוֹשֵׁב לְמַרְגְּלוֹתֵינוּ
וְאֵינוֹ נוֹגֵעַ בָּנוּ.
הוּא נוֹתֵן לְחוּשֵׁי עֵינָיו לְמוּשֵׁנוּ
נוֹשֵׁף נְשִׁיפוֹת קְצָרוֹת.
רוּחוֹת קַלּוֹת בָּאוֹת אֵלֵינוּ מֵעֵינָיו
נוֹגְעוֹת לֹא נוֹגְעוֹת בְּשָׁדִי הַפָּצוּעַ
נוֹגְעוֹת לֹא נוֹגְעוֹת בְּפִיהָ הַקָּשֶׁה
קוֹרְעוֹת לֹא קוֹרְעוֹת חֲלָבֵנוּ.
רוּחוֹת קַלִּילוֹת שֶׁל עֵינָיו שׁוֹהוֹת בֵּינֵינוּ
וְרוּחוֹת כְּבֵדוֹת שֶׁל עֵינֵינוּ בָּאוֹת אֶל עֵינָיו.

I Nurse a Very Old Woman

I nurse a very old woman
and she pulls my breast with her whole mouth
tearing my flesh.
A blind boy sits at our feet
not touching us.
He touches us with his eyes
breathes short breaths
light winds come to us from his eyes
touch and don't touch my wounded breast
touch and don't touch her hard mouth
tear and don't tear our milk.
Lighter winds of his eyes stay between us
and heavy winds of our eyes
enter his.

עַל יַד אֱלֹהַי

לְבַדִּי יָשַׁבְתִּי עַל יַד אֱלֹהַי
שֶׁאוֹתִי בַּמֶּרְחָבִים הַגְּדוֹלִים אִבֵּד
כְּמוֹ פִּסַּת שָׁמַיִם,
וּלְחַפְּשֵׂנִי לֹא בָּא.
כְּאַחַת הָאֲבָנִים מוּטֶלֶת הָיִיתִי
כְּשֶׁהָרוּחַ לֹא בִּי מְהַפֶּכֶת
וַאֲנָשִׁים סֻלָּמוֹת לֹא מַשְׁעִינִים עָלַי
לְטַפֵּס.
לְבַדִּי יָשַׁבְתִּי לְיַד אֱלֹהַי
אֶת בִּרְכַּי אֶל פָּנַי לוֹחֶצֶת
כְּמוֹ אָז כְּשֶׁבְּרָאַנִי וְאֶת הָעוֹלָם בָּרָא
וְלֹא לְתֹהוּ בְּרָאוֹ
כְּמוֹ אָז כְּשֶׁשְּׁמַעְתִּיו בּוֹרְאֵנִי
כִּמְנַגִּינַת חָלִיל
כְּשַׁלְהֶבֶת דַּקָּה.

Next to My God

Alone I sat next to my God
who lost me in the wide spaces
like a piece of sky
and never came to look for me.
Like one of the stones I was set down,
the wind didn't turn me over
and people didn't lean ladders on me
to climb.
Alone I sat next to my God
pressing my knees to my face
like then when he created me and the world he created
and not into chaos did he create it
like then when I heard him creating me
as a flute's melody
as a thin flame.

הֵם אָמְרוּ שֶׁתָּבוֹא הַגְּאֻלָּה

הֵם אָמְרוּ שֶׁתָּבוֹא הַגְּאֻלָּה רַק כְּשֶׁאִישׁ כְּבָר לֹא יְצַפֶּה לָהּ,
וְלַיְלָה תָּמִים יָשְׁבוּ עֵרִים בְּפִתְחֵי חֲנֻיּוֹת וּבָתִּים וְלֹא צִפּוּ לִגְאֻלָּה
וּכְשֶׁעָלָה הַשַּׁחַר הָיוּ דְּמָעוֹת מִתְגַּלְגְּלוֹת מִכָּל הַגַּגּוֹת.

They Said Redemption Would Come

They said redemption would come only when no one's expecting
it anymore,
and one night they sat silent and awake at the thresholds of their
stores and homes and didn't expect redemption
and when dawn rose there were tears rolling down from all the
rooftops

גּוּפֵיהֶם מְדַקְדְּקִים וּשְׂעָרָם אוֹתִיּוֹת

כְּשֶׁיְּהוּדִים יוֹשְׁבִים וְלוֹמְדִים
מִתְעַבִּים הַסְּפָרִים מִמַּבַּט עֵינֵיהֶם
וְגוּפֵיהֶם מְדַקְדְּקִים וּשְׂעָרָם אוֹתִיּוֹת
הֵם עַצְמָם נוֹשְׂאִים עַל הַשֶּׁכֶם
כְּמוֹ הָיוּ כְּבֵדִים מְאֹד.
כְּשֶׁיְּהוּדִים נוֹשְׂאִים עַצְמָם עַל הַשֶּׁכֶם
הֵם חַסְרֵי מִשְׁקָל
וּמִשְׁקָלָם מִתְפַּזֵּר אֶל הַסְּפָרִים
שֶׁהֵם מִתְעַבִּים, מִתְעַבִּים וְהוֹלְכִים.

Their Bodies Getting Thinner and Their Hair Becomes Letters

When Jews sit and study
the books get thick from the look in their eyes
and their bodies get thinner and their hair becomes letters
they carry themselves on their shoulders
as if they were very heavy.
When Jews carry themselves on their shoulders
they're weightless
and their weight disperses into their books
getting thicker, getting thicker and thicker.

אַף פַּעַם לֹא אֶהֱיֶה כָּאֵם שֶׁבַּתְּמוּנָה

אַף פַּעַם לֹא אֶהֱיֶה כָּאֵם שֶׁבַּתְּמוּנָה
הַמְּנִיקָה עוֹלָל מִשָּׁד לָבָן
וְהוּא מְמַשֵּׁשׁ אֶת פָּנֶיהָ.
יְלָדַי יִינְקוּ מִתּוֹכִי אֶת הָאֵפֶר
וּקְצָת עָלִים שֶׁגְּרָפָתַם הָרוּחַ.
לְאַט יָמוּשׁוּ פָּנַי שֶׁאֵינָם.
לְעוֹלָם לֹא אֱהִי כָּאֵם הַהִיא
שֶׁחָלָב גּוֹאֶה מִשְּׂפָתֶיהָ.

Never Will I Be Like the Mother in the Picture

Never will I be like the mother in the picture
suckling a baby from a white breast
as he touches her face.
My children will suckle from me the ash
and some leaves the wind scraped.
Slowly they'll touch my features which are gone.
Never will I be like that mother
with milk brimming her lips.

וְכָל הָעָם רָאוּ אֶת הַקּוֹלוֹת

וְכָל הָעָם רָאוּ אֶת הַקּוֹלוֹת
שֶׁהַקּוֹלוֹת לִקְרָאתָם הָלְכוּ
וְלֹא יָדְעוּ אִם הַקּוֹלוֹת רוֹאִים אוֹתָם.
מֹשֶׁה, אָמְרוּ, מֹשֶׁה,
דַּבֵּר אַתָּה עִמָּנוּ
וְאַל יְדַבֵּר אֱלֹהִים עִמָּנוּ,
פֶּן נָמוּת.
מֹשֶׁה פָּרַשׂ אָז יָדָיו לִקְרָאתָם
הַמְּגַיָּדוֹת,
כְּמוֹ טֶרֶם הוּרְמוּ לְשָׁמְרָם בַּמִּלְחָמָה,
מֹשֶׁה פָּרַשׂ אָז יָדָיו לִקְרָאתָם
וְיָבוֹאוּ הַקּוֹלוֹת אֶל יָדָיו
וְיָנוּחוּ עֲלֵיהֶם כְּעַל חֻפָּה גְּדוֹלָה
וִידֵי מֹשֶׁה כָּבְדוּ מְאֹד.
וְכָל הָעָם רָאוּ אֶת הַקּוֹלוֹת
סְבוּכִים בְּשַׂעֲרוֹת זְקָנוֹ
נְעוּצִים בְּלִסְתוֹתָיו
וְהָלְכוּ לִקְרָאתָם.

And all the People Were Seeing the Sounds

And all the people were seeing the sounds
as the sounds came toward them
and they didn't know whether the sounds could see them.
Moses, they said, Moses,
you speak to us
and don't let God speak to us
or we'll die.
Then Moses spread his hands
toward them,
veined as if not yet raised to protect them during war,
then Moses spread his hands toward them
and the voices came to his hands
and rested on them as on a large canopy
and Moses' hands were heavy.
And all the people saw the voices
entangled in the hairs of his beard
stuck in his jaws
and went toward them.

הָאִישׁ הַמְּמֻנֶּה עַל הָאוֹתִיּוֹת הַפּוֹרְחוֹת

הָאִישׁ הַמְּמֻנֶּה עַל הָאוֹתִיּוֹת הַפּוֹרְחוֹת
נֶעֱלַם יוֹם אֶחָד וְאֵינֶנּוּ.
יָמִים רַבִּים הָיָה אוֹסֵף אֶת הָאוֹתִיּוֹת
שֶׁהָיוּ תְּלוּיוֹת עַל אֲמִירֵי הָאִילָן
אוֹ שׁוֹלֶה אוֹתָן מִן הַבְּאֵר
נוֹטְפוֹת מַיִם
וְיוֹם אֶחָד לֹא בָּא הָאִישׁ
אַף שֶׁהָיוּ הָאוֹתִיּוֹת מְשַׁוְּעוֹת
לְהִשְׁתַּחֵל
עַל הַחֶבֶל הָעָב שֶׁלְּמָתְנָיו כָּרַךְ.
הָאִישׁ שֶׁרָאָה וְהִנֵּה הוּא אוֹת פּוֹרַחַת
לַחֶבֶל שֶׁלְּמָתְנָיו עַצְמוֹ קִבֵּץ.

The Man in Charge of the Flying Letters

The man in charge of the flying letters
one day disappeared
and is no more.
For days he'd collect the letters
that hung from the treetops
or draw them dripping with water
out of the well
and one day the man didn't come
though the letters were crying out
to be strung
through the thick rope bound to his waist.
As the man discovered himself a flying letter
he gathered himself
to the rope on his waist.

אֲנִי וְאִישׁ נִמּוֹל

אִישׁ נִמּוֹל יְפֵה־תֹּאַר אוֹחֵז בִּכְתֵפַי,
אֶת שְׁאֵרִית־כְּנָפַי הוּא מָשׁ.
— שְׁנֵינוּ שְׂרִידִים — אֲנִי לוֹ אוֹמֶרֶת —
אֲנִי וּכְנָפַי, אַתָּה וְאֶבְרְךָ.
— שְׁנֵינוּ שְׂרִידִים — אֲנִי לוֹ אוֹמֶרֶת —
וְכָל שֶׁמָּצוּי בָּנוּ הוּא רַק הַתְחָלוֹת אוֹ סוֹפִים
אֵין בָּנוּ אֶמְצַע.
— אִישׁ יְפֵה־תֹּאַר — אֲנִי לוֹ אוֹמֶרֶת —
אֶמְצַע אֲנַחְנוּ, אֵין בָּנוּ תְּחִלָּה וְאֵין בָּנוּ סוֹף.
הָאִישׁ אוֹחֵז בְּמָתְנַי.
אָנוּ יוֹדְעִים שֶׁמֵּהֶם הֶמְשֵׁכֵנוּ.
מָתְנֵי הַמִּתְרַחֲבִים תָּמִיד, מָתְנַי שֶׁהֵם אֶרֶץ רַבָּה.

I and a Circumcised Man

A handsome circumcised man grabs my shoulders,
he's feeling what's left of my wings.
—Both of us are remnants—I tell him—
I and my wings, you and your organ.
—Both of us are remnants—I tell him—
and everything in us is but beginnings or endings
we have no middle.
—O handsome man—I tell him—
we are middle, we have no beginning or end.
The man grabs my loins.
We know in there lies our continuation.
My loins always expanding, my loins that are a vast land.

שְׁלֹמֹה הַמֶּלֶךְ שֶׁנִּשְׁאַר בִּשְׂפַת הַחַיּוֹת וְהָעוֹפוֹת

שְׁלֹמֹה הַמֶּלֶךְ שֶׁנִּשְׁאַר בִּשְׂפַת הַחַיּוֹת וְהָעוֹפוֹת
וְשָׁכַח אֶת שְׂפַת הָאָדָם
אֲבָל יוֹשֵׁב הָיָה עַל בִּרְכֵּי הַשּׁוּלַמִּית
וּבִגְעִיָּה מְבַקֵּשׁ הָיָה שֶׁתָּשׁוּב לְשׁוֹנוֹ.
הַשּׁוּלַמִּית שֶׁעָרָהּ הַמִּתְכַּסְפָּס סָתוּר
גֵּרְדָה זְקָנוֹ בְּזַרְתָּהּ
צוֹנַחַת לְתוֹךְ גְּעִיּוֹתָיו
"הוֹ, תֻּכִּי, הוֹ, נָמֵר, הוֹ, צְרָצַר"
לוֹחֶשֶׁת הָיְתָה אֵלָיו
מִתְבּוֹלֶלֶת בִּשְׂפַת הַחַיּוֹת
יְרֵאָה שֶׁמָּא יִזָּכֵר.
שְׁלֹמֹה הַמֶּלֶךְ שָׁכוּב עַל גַּבּוֹ
פּוֹעֶה כְּטָלֶה
נוֹעֵר כַּחֲמוֹר
וְהַשּׁוּלַמִּית פּוֹשֶׁטֶת בְּגָדֶיהָ.

King Solomon Who Remained in the Language of the Animals & Fowl

King Solomon who remained in the language of the animals and
fowl
and forgot the language of man
would sit mourning in the lap of the Shulamite
and with lowing ask that his tongue return.
The Shulamite, her hair coarse and disheveled,
scratched his beard with her little finger
sinking into his lowing
"Oh, parrot, oh, leopard, oh, cricket,"
she'd whisper to him,
mixing in the language of the animals
afraid he'd remember.
King Solomon lying on his back
bleating like a lamb
braying like a donkey,
and the Shulamite takes off her clothes.

מִדֵּי עֶרֶב הָיָה שְׁלֹמֹה מְדַבֵּר

מִדֵּי עֶרֶב הָיָה שְׁלֹמֹה מְדַבֵּר עִם אַרְיֵה הַזָּהָב שֶׁעַל כִּסְאוֹ.
אֶת הַמְשָׁרְתִים מֵעַל פָּנָיו שִׁלֵּחַ.
שְׁנֵי מְלָכִים הָיוּ
וּמַזְלִיפִים סוֹדוֹת אֶחָד אֶל אֹזֶן רֵעֵהוּ
צִחֲקוּ.
שְׁלֹמֹה שֶׁגָּלָה לְתוֹךְ הַחָכְמָה
וְהָאַרְיֵה שֶׁגָּלָה אֶל תּוֹךְ הַזָּהָב
יָשְׁבוּ בָּאֹפֶל
יְחֵפִים
וְאִישׁ לֹא בָּא לְהִשָּׁפֵט בִּפְנֵיהֶם.

Daily Solomon Would Talk

Daily Solomon would talk with the golden lion
carved on his chair.
The servants he sent away.
Two kings they were
spraying secrets into each other's ear
and giggling.
Solomon who was exiled into the wisdom
and the lion exiled into the gold
were sitting in the darkness
barefoot
and no one came to be judged before them.

הַדָּג שֶׁבָּלַע אֶת יוֹנָה

הַדָּג שֶׁבָּלַע אֶת יוֹנָה
וְשֶׁרָגִיל הָיָה לִשְׁתֹּק
נָסַע טָעוּן בִּנְבוּאָה עַל פְּנֵי הַיַּמִּים.
דָּגִים צִבְעוֹנִיִּים שֶׁיָּרְאוּ אוֹתוֹ תָּמִיד
חָשׁוּ רְטוּטִים עוֹלִים מִגַּבּוֹ הַגָּדוֹל.
הַדָּג שֶׁבָּלַע אֶת יוֹנָה
לֹא יָדַע לְאָן לִשְׂחוֹת פִּתְאוֹם
וְאִם הוּא צָרִיךְ מִישֶׁהוּ לִטְרֹף
וּמַדּוּעַ.
סְנַפִּירָיו קְעוּרִים הָיוּ בִּשְׁאֵלָה.
יוֹנָה שֶׁבְּלָעוֹ הַדָּג
טִיֵּל בְּבֶטֶן הַדָּג שֶׁרָגִיל הָיָה לִשְׁתֹּק
שֶׁדָּפְנוֹת כְּרֵסוֹ רְגוּעִים תָּמִיד
שֶׁשֶּׁקֶט צִלְצֵל בְּתוֹךְ אֵיבָרָיו.
הַדָּם לֹא זָרַם בּוֹ. הַשֶּׁטֶף נִגְלַד.
בְּפֶה פָּתוּחַ בָּלַע שְׁתִיקָתוֹ
עַד שֶׁהֱקִיאוֹ אֶל הַחוֹף.
הַדָּג שֶׁהֵקִיא אֶת יוֹנָה
לֹא יָדַע לְאָן לִשְׂחוֹת פִּתְאוֹם
וְאִם לְדַבֵּר וּמַה לְהַגִּיד
וְאִם בַּיָּם לִמְשֹׁל אוֹ מִמִּישֶׁהוּ לִבְרֹחַ
הַדָּג שֶׁהֵקִיא אֶת יוֹנָה
בָּעַר בַּמַּיִם הַלּוֹהֲטִים בְּלֶהָבוֹת חַדּוֹת,
וְדָגִים צִבְעוֹנִיִּים שֶׁיָּרְאוּ אוֹתוֹ תָּמִיד
דּוֹמְמִים שָׁחוּ עַל יָדוֹ
בִּטְנֵיהֶם הֲפוּכוֹת.

The Fish that Swallowed Jonah

The fish that swallowed Jonah
that was used to keeping quiet
loaded with prophecy
traveled on the face of the seas.
Colorful fish that always feared it
felt vibrations rising from its large back.
The fish that swallowed Jonah
did not know where to swim
all of a sudden,
and whether it needed someone to prey upon
or why.
Its fins were concave in question.
Jonah swallowed by the fish
was walking in its belly
that was used to quiet
whose sides were always calm
where silence rung from its organs.
Blood did not flow in it. The flow congealed.
With an open mouth it swallowed its silence
till it vomited him on the beach.
The fish that vomited Jonah
did not know where to swim
all of a sudden,
whether to speak
and what to tell,
whether to reign in the sea or run away
from someone.
The fish that vomited Jonah
burned in the fiery waters

יוֹנָה, שֶׁהֱקִיאוֹ הַדָּג
אִלֵּם גָּדוּשׁ בְּפִיו, גּוּשִׁי,
מִלּוֹתָיו כְּכִיסִים הֲפוּכִים
הָלַךְ לְנִינְוֵה הָלַךְ.
וֶאֱלֹהַי בַּפַּעַם הָרִאשׁוֹנָה נִכְנַס בִּמְעֵי הַדָּגָה הַשּׁוֹתֶקֶת.

in sharp flames,
the colorful fish that always feared it
were silently swimming beside it,
their bellies upside-down.
Jonah, whom the fish vomited,
muteness overflowing his mouth,
his words like pockets turned inside-out,
went to Nineveh
to Nineveh he went
and my God for the first time entered
the intestines of the quiet fish.

שֶׁמָּא יְגַלּוּהוּ

אֵין אֲנִי הוֹגָה אֶת שֵׁם אַרְצִי אֶלָּא כְּשֶׁאֲנִי לְבַדִּי –
שֶׁמָּא יְגַלּוּהוּ.
אַף אַרְצִי אֶת שְׁמָהּ אֵינָהּ יוֹדַעַת
וְאֵין אֲנִי קוֹרְאָה לָהּ.
רַק עֵת אַרְצִי נִרְדֶּמֶת רְחָבָה מוּלִי
אֲנִי לוֹחֶשֶׁת לוֹחֶשֶׁת אֶת שְׁמָהּ
וְהִיא נֶאֱנַחַת.

Lest it Be Revealed

I don't pronounce the name of my land
except when I'm alone—
lest it be revealed.
Even my land doesn't know her own name
and I don't call her by it.
Only when my land is asleep
spread out wide before me
I whisper whisper her name
and she moans.

אֶבֶן עִם זָקָן פָּרוּעַ

הַמָּשִׁיחַ לְאֶבֶן הָפַךְ, לְצַד הַדֶּרֶךְ,
אֶבֶן עִם זָקָן פָּרוּעַ
שֶׁהַכֹּל בָּאִים אֶצְלָהּ לָנוּחַ.
יוֹם אֶחָד אֶקַּח אֶת אַרְצִי אֵצֶל הָאֶבֶן הַהִיא
מִתְרַפֶּקֶת עָלַי אוֹבִילֶנָּה שָׁמָּה
כְּשֶׁהִיא לְהַבִּיט חוֹשֶׁשֶׁת.
אֶבֶן עִם זָקָן פָּרוּעַ,
אֵיךְ אַכִּירֵךְ,
שֶׁכָּל הָאֲבָנִים זְקָנָן גִּדְּלוּ פֶּרַע
לְאָן אוֹבִיל אֶת אַרְצִי?
אַרְצִי וַאֲנִי מִבְּלִי לְהַבִּיט
אֵצֶל אֲבָנִים רַבּוֹת שָׂמוֹת מוֹשָׁבֵנוּ.

A Stone with a Wild Beard

The messiah turned into a stone
by the wayside,
a stone with a wild beard
that everyone comes to rest upon.
One day I'll take my country to that stone.
As she clings to me afraid to look
I'll lead her there.
Stone with a wild beard,
how will I recognize you
for all the stones have grown their beards wild?
To where shall I lead my land?
Without looking, my land and I place ourselves
by many stones.

נִשְׁאַרְתִּי עַל הָעִיר לְשָׁמְרָהּ

נִשְׁאַרְתִּי עַל הָעִיר לְשָׁמְרָהּ
וְהָעִיר קָמָה וְהָלְכָה לָהּ.
מִי שֶׁקָּרָא הָעִיר בִּשְׁמָהּ
יִקְרָאֵנִי עַתָּה תַּחְתֶּיהָ,
עִיר אֲנִי וָאֵם
דְּרוֹמִית לִי הַיְשִׁימוֹן
וּבִצְפוֹנִי הַחֹרֶף.

I Stayed in Charge of the City to Guard It

I stayed in charge of the city to guard it
and the city got up and went.
Whoever called the city by its name
will call me now instead,
city am I and mother
south of me the wilderness
and to my north the winter.

הֶהָרִים הַלָּלוּ

אֵין אֲנִי יוֹדַעַת הֶהָרִים הַלָּלוּ מִנַּיִן בָּאוּ אֵלַי
וְאֵין אֲנִי אֶת פִּיהֶם שׁוֹאֶלֶת.
הֵם מְסֻבִּים בְּכֻרְסוֹתַי הַבְּהִירוֹת
וּמַפִּיּוֹת שֶׁל תַּחֲרָה עֲנוּבוֹת לְפִסְגּוֹתֵיהֶם.
אֲנִי כָּל כָּךְ שְׂמֵחָה שֶׁבָּאוּ אֵלַי
וְאֵין אֲנִי יוֹדַעַת אִם הָרֵי יְרוּשָׁלַיִם הֵם אוֹ הָרֵי נַפְתָּלִי
אֵין אֲנִי יוֹדַעַת אִם מֵרָחוֹק בָּאוּ
בְּיָדַיִם קַלּוֹת אֲנִי עוּגָה פּוֹרֶסֶת
וּפֵרוּר אַחַר פֵּרוּר אֶל פִּיּוֹתֵיהֶם מַכְנֶסֶת
שֶׁתָּבוֹא עוּגָתִי אֶל הָרֵי יְרוּשָׁלַיִם אוֹ הָרֵי נַפְתָּלִי
שֶׁהֲרֵי אֵין אֲנִי יוֹדַעַת מִנַּיִן בָּאוּ אֵלַי,
הוֹ, הֶהָרִים, הוֹ , הֶהָרִים,
אֵיכָה עַל סוּסִים כָּל הַדֶּרֶךְ רְכַבְתֶּם אֵלַי.

These Mountains

I don't know where these mountains come from
and I don't ask them.
They sit around my bright armchairs,
lace cloths wrapped around their heights.
I'm so happy they've come to me
and I don't know if they're Jerusalem
or Naphtali Mountains
I don't know if they've come from afar.
With light hands I slice cake
putting crumb after crumb into their mouths
so my cake will go to the hills
of Jerusalem or the heights of Naphtali
for I don't know where they've come from.
O you mountains, o you mountains,
how did you ride on horses all the way to me?

כְּשֶׁמֵּת אָבִי – מֵת אֶצְלִי הַמֵּצַח

כְּשֶׁמֵּת אָבִי — מֵת אֶצְלִי הַמֵּצַח.
בִּתְחִלָּה לֹא הֵבַנְתִּי מָה הַלֹּבֶן שֶׁפָּשָׂה בּוֹ
שֶׁחָשַׁבְתִּי שֶׁחַי הִנּוֹ וְנוֹשֵׁם.
אַךְ קְמָטִים פָּסְקוּ בּוֹ לְהוֹפִיעַ
וְאֵין הוּא עוֹלֶה וְיוֹרֵד עִם מַחְשְׁבוֹתַי.
כְּשֶׁמֵּת אָבִי — הֵבַנְתִּי — מֵת אֶצְלִי הַמֵּצַח.
אֲנִי נוֹשֵׂאת אוֹתוֹ עִמִּי — לָבָן וְחִוֵּר וְגָבוֹהַּ
קָרִיר
יְרֵאָה בּוֹ לָגַעַת
מֻרְחָק מֻרְחָק מִבְּשָׂרִי.
הָבָה אֹמַר קַדִּישׁ עַל מִצְחִי
שֶׁהָיָה יָפֶה מְאֹד וְחַמִּים
אוֹר וָצֵל שִׂחֲקוּ בּוֹ
נְעָרִים לְטִפּוּהוּ
וּבִדְמִי יָמָיו מֵת.

When My Father Died—My Forehead Died in Me

When my father died—my forehead died.
At first I didn't understand the whiteness that spread over it
for I thought it was alive and breathing.
But lines stopped appearing on it
and it doesn't go up and down with my thoughts.
When my father died—I understood—my forehead also died.
I carry it with me—white and pale and high
coolish
far far from my flesh—
I'm afraid to touch it.
Let me say *kaddish* over my forehead
which was very pretty and warm
light and shade played on it
boys caressed it
and in the spring of its youth it died.

כָּךְ אֵצֶל הַמִּזְבֵּחַ

כָּךְ אֵצֶל הַמִּזְבֵּחַ רָצָה יִצְחָק לְהִשָּׁאֵר
כְּשֶׁיְּדֵי אָבִיו מְסֻקָּסוֹת עוֹשׂוֹת בּוֹ
וְהָיָה מוֹצִיאוֹ מִן הָעוֹלָם כְּשֵׁם שֶׁהֱבִיאוּ אֵלָיו
בְּעֶרְגָּה נוֹהֶמֶת.

אַבְרָהָם הָיָה עוֹקֵד אֶת בְּנוֹ
כְּבַחֲבָלִים שֶׁל טַבּוּר
לַהֲשִׁיבוֹ אֵלָיו, אֶל חֲלָצָיו הַזְּקֵנִים
הַשַּׁבְרִירִיִּים
צְחוֹקָהּ שֶׁל שָׂרָה.

כָּךְ אֵצֶל הַמִּזְבֵּחַ רָצָה יִצְחָק לְהִשָּׁאֵר
קָטָן וְהוֹלֵךְ
הוֹפֵךְ שׁוּב לְזַרְעוֹ הַכָּמוּס שֶׁל אָבִיו
כָּחֹל כַּחֲלוֹם, רַב כַּכּוֹכָבִים.

כָּלוּא בְּשַׁלְמוּתָיו וּמִיֶּזַע נָח חָזֵהוּ שֶׁל אַבְרָהָם
עַל פְּנֵי בְּנוֹ. זְקָנוֹ בָּרוּחַ הַקַּלָּה.
הָאַיִל לָעַס אֶת הָעֵשֶׂב, עֵינַיִם מְצֻמְצָמוֹת נוֹשְׂאוֹת לַמֶּרְחָק —
הַמַּלְאָךְ לֹא בָּא.

So, By the Altar

So, by the altar, Isaac wished to remain,
his father's gnarled hands working on him
taking him out of the world
just as he brought him into it
with a roaring desire.

Abraham was binding his son
as with umbilical cords
to return him to his old, brittle loins—
the ones Sarah laughed at.

So, by the altar, Isaac wished to remain
getting smaller
turning again into the hidden sperm of his father
blue as a dream,
many as the stars.

Imprisoned in his robes, sweating,
Abraham's chest rested
on his son's face. His beard in the light wind.
The ram was chewing the grass,
with squinting eyes, peering out at the distance—
the angel never came.

אֵלֵךְ לְהַפִּיל תְּחִנָּתִי

אֵלֵךְ לְהַפִּיל תְּחִנָּתִי
שֶׁאֵין אֲנִי יְכוֹלָה לְשֵׂאתָהּ עוֹד.
אַיֵּה אַפִּילֶנָּה?
תְּחִנָּתִי נִנְעֶצֶת בִּי בְּאֵימָה.
תְּחִנָּתִי מִפַּחַד נֶאֱלֶמֶת.
שָׁנִים הַרְבֵּה נִצְמְדָה אֵלַי.
אַיֵּה אַפִּילֶנָּה?
אֲנִי לוֹחֶשֶׁת אֵלֶיהָ דְּבַר־סוֹד.
הִיא מִפַּחַד נִסְתֶּמֶת.
שָׁנִים הַרְבֵּה תְּחִנָּתִי נָשָׂאתִי —
אֵיךְ אַפִּילֶנָּה?

I'll Cast Down My Plea

I'll cast down my plea
for I can no longer carry it.
Where will I cast it down?
My plea sticks to me with dread.
My plea becomes mute out of fear.
Many years it clung to me.
Where will I cast it down?
I whisper it a secret.
Out of fear it seals itself up.
Many years I carried my plea—
How will I cast it down?

אֱלֹהַי נוֹשֵׁם לְצִדִּי

אֱלֹהַי נוֹשֵׁם לְצִדִּי
בַּל יֶחְדַּל מִלִּנְשֹׁם.
כְּשֶׁהַכֹּל נִבְלָם שׁוֹמְעִים בְּשֶׁקֶט
אֶת מְצוּקָתָם הַחֲשָׁאִית שֶׁל הַסְּלָעִים
וְאֶת רַחַשׁ הַטַּל הָרַב הַנִּגָּר עֲלֵיהֶם
מֵאָז הִכָּה בָּם מֹשֶׁה.

My God Breathes by My Side

My God breathes by my side
let him not stop breathing.
When all is blocked one hears in the quiet
the hidden distress of the rocks
and the sound of much dew pouring on them
ever since Moses hit them.

מַלְכוּת

וְאַתְּ תַּעְדִּי מֶשִׁי וְתַחְרָה
וּמִבְּלִי בָּךְ לָגַעַת יָחוּשׁוּ קְטִיפָה
וְאֵלַיִךְ יִשְׁתַּחֲווּ בְּעֵינַיִם פְּשׂוּקוֹת.
הַכֹּל לְמַרְגְּלוֹתַיִךְ עוֹד לֹא בְּרוּאִים
וּמַלְכוּתֵךְ תִּבְרָאֵם.

הַבִּיטִי בְּחִזָּיוֹן אֶל אֵין פָּנַיִךְ.
רְדִי, פְּרוּעַת רַעְמָה, עַל בִּרְכַּיִךְ.
סְלָעִים גְּדוֹלִים נִשְׁבָּרִים בְּיָדַיִךְ.
כָּל שֶׁלֹּא נוֹלְדוּ הֵם יְלָדַיִךְ.
וּמַלְכוּתֵךְ תִּבְרָאֵם.

Kingdom

And you adorn yourself with silk and lace.
And without touching you, they feel velvet
and bow down to you with eyes wide open.
All things at your feet have not been created
and your kingdom will create them.

Look in a vision at your non-face.
Get down, your mane disheveled, on your knees,
large stones break in your hand.
All those not yet born are your children.
And your kingdom will create them.

בְּרֵאשִׁית בָּרָא אֱלֹהִים

בְּרֵאשִׁית בָּרָא אֱלֹהִים
אֶת הַשָּׁמַיִם שֶׁבְּעֶצֶם אֵינָם
וְאֶת הָאֲדָמָה שֶׁרוֹצָה בָּם לָגַעַת.
בְּרֵאשִׁית בָּרָא אֱלֹהִים
חוּטִים מְתוּחִים בֵּינֵיהֶם
בֵּין הַשָּׁמַיִם שֶׁבְּעֶצֶם אֵינָם
וּבֵין הָאֲדָמָה הַמְּשַׁוַּעַת.
וְאֶת הָאָדָם הוּא יָצַר
שֶׁהָאִישׁ הוּא תְּפִלָּה וְהוּא חוּט
נוֹגֵעַ בְּמַה שֶּׁאֵינֶנּוּ
בְּמַגָּע שֶׁל רֹךְ וְדַקּוּת.

In the Beginning God Created

In the beginning God created
the heavens that really are not
and the earth that wants to touch them.
In the beginning God created
threads stretched between them
between the heavens that really are not
and the earth crying out.
And the man he created
the man who is a prayer and a thread
touches that which is not
with a touch of softness and light.

וְהִגַּדְתָּ

וְהִגַּדְתָּ לְבִנְךָ בַּיּוֹם הַהוּא
אֶת הָאֵלֶם.
לֹא תַּעֲבִיר יָדְךָ בְּלִטּוּף
עַל סַבְרוֹ.
וְהוֹשַׁבְתָּ בִּנְךָ בַּיּוֹם הַהוּא
עַל מִפְתַּן הַבִּקְעָה
אֲשֶׁר אֵלֶיהָ אִישׁ לֹא יָבוֹא.
וְלִמַּדְתָּ בִּנְךָ לְהוֹלִיד עוֹד יֶלֶד.
וְלִמַּדְתָּ בִּנְךָ עֵינָיו לַעֲצֹם.
וְלִמַּדְתָּ בִּנְךָ לַחְפֹּן בְּאֶגְרוֹף
עוֹד לַיְלָה עוֹבֵר
וְעוֹד יוֹם.
וְלָקַחְתָּ בִּנְךָ בְּיָדֶיךָ אֵלֶּה
בָּהֶן אֵי־פַּעַם לָפַתָּ אִמּוֹ
וּבְכֹחַ תִּלְחַץ מִתּוֹכָן שְׁתִיקָתְךָ —
אוֹתָהּ, הוּא יִמְסֹר לִבְנוֹ.

And You Shall Teach

And you shall teach your son muteness
that very day.
And you won't pass your caressing hand
over his features.
You'll sit your son down that very day
on the threshold of the valley
to which no man should ever come.
And you'll teach your son to sire another son.
And you'll teach him to close his eyes, to clutch
with his fist
one more night passing
and one more day.
And you shall take your son with your bare hands
that more than once embraced his mother
and with force squeeze from them your silence
that he shall give to his son.

הָאֵשׁ, סְמוּקָה מִפַּחַד

הָאֵשׁ – סְמוּקָה מִפַּחַד – נֶאֱחְזָה בָּעֵצִים.
אוּלַי חָשְׁבָה שֶׁהֵם יַצִּילוּהָ.
הֵם – הַזְּקוּפִים תָּמִיד
וְאֵינָם יְרֵאִים אֶת הַמַּיִם –
הִנֵּה יְרַפְּאוּהָ מִכָּל כְּפִיפוֹתֶיהָ.
הָאֵשׁ – סְמוּקָה מִפַּחַד –
נֶאֶחְזָה בְּשָׂדַי.
אֲדֻמָּה קָרְאָה לַלָּבָן הֶעָצוּר בּוֹ.
הֲנִיקֵנִי עַכְשָׁו, הָיְתָה מְבַקֶּשֶׁת,
יוֹדֵעַ אַתָּה, לֹא יָלְדָה אוֹתִי אֵם.
שָׂדַי – סָמוּק מִפַּחַד – נֶאֱחַז בָּאֵשׁ.
הוּא שֶׁזָּקוּף הָיָה תָּמִיד
הִנֵּה יִקְלֹט כָּל הָאֵשׁ אֶל קִרְבּוֹ
מְסֻנְוָר יְקַבֵּל עַל עַצְמוֹ
אֶת כָּל כְּפִיפוֹתֶיהָ.

The Fire, Blushing from Fear

The fire—blushing from fear—caught hold of the trees.
Perhaps fire thought the trees would save it.
That they—always erect
and not afraid of water—
would cure it of all its bendings.
The fire—blushing from fear—
got hold of my breast.
Its redness called out the breast's sealed whiteness.
Nurse me now, fire begged,
for you know, no mother ever gave birth to me.
My breast—blushing from fear—got hold of the fire.
Always erect,
it will absorb all the fire
and blinded, will take upon itself
all it bendings.

מֹשֶׁה לָקַח לוֹ אִשָּׁה כּוּשִׁית

מֹשֶׁה לָקַח לוֹ אִשָּׁה כּוּשִׁית
בַּבֹּהַק הַלָּבָן שֶׁל הַמִּדְבָּר
לְהִתְמַקֵּד בָּהּ מִן הָאָבָק.
הָעָם דִּבֵּר בָּאִשָּׁה הַכּוּשִׁית
שֶׁהָיְתָה לוֹ נְקֻדָּה בִּפְסוּקוֹ הַמִּתְמַשֵּׁךְ
וְשֶׁהַמָּן רִפְרֵף אֵצֶל קַרְסֻלֶּיהָ כְּשֶׁטַּעְמוֹ חָשׂוּף
מֹשֶׁה לֹא דִּבֵּר בָּאִשָּׁה הַכּוּשִׁית
וְהָאִשָּׁה הַכּוּשִׁית לֹא דִּבְּרָה בְּעַצְמָהּ
מֻקֶּפֶת גְּבָעוֹת שֶׁאֵין לָהֶן מִסְגֶּרֶת
לְצַד אִישׁ לָבָן עַד אֵינוּת
לֹא נִזְקְקָה לִשְׁתִיָּה
וְהַשֶּׁמֶשׁ הַיּוֹקֶדֶת קְצוּבוֹת בְּגַבָּהּ
צֵל עֲנַף שָׁקֵד הֵטִילָה מִמֶּנָּה.

Moses Took

Moses took for himself a black woman
in the shining whiteness of the desert
to help him focus through the dust.
The people talked about the black woman
who was a stop in his ongoing verse
and the manna fluttered around her calves
with its taste exposed.
Moses never talked about the black woman
and the woman never spoke herself
surrounded by boundless hills
next to a man as white as nothingness.
She had no need of drink
and the sun beating down on her back
projected the shade of an almond branch through her.

אָמַרְתִּי לוֹ אַבָּא, הָשִׁיבֵנִי אֶל דָּמְךָ

אָמַרְתִּי לוֹ אַבָּא, הָשִׁיבֵנִי אֶל דָּמְךָ
כְּמוֹ לֹא יָצָאתִי.
הֲשִׁיבֵנִי וְאָשׁוּבָה — קְטַנָּה מִן הַזֶּרַע,
חֲרִישִׁית מִן הַשִּׁכְחָה,
אָשׁוּב אֶהֱיֶה אֶחָד מִזְּרָעֶיךָ שֶׁלֹּא הָפַךְ פְּרִי.
אָמַרְתִּי לוֹ אַבָּא,
עַכְשָׁו הִנְּךָ הַר —
רְקֹם אוֹתִי פְּנִימָה, לְלֹא מוֹצָא
כְּמֵי תְּהוֹם.

I Told Him Father

I told him Father, return me to your blood
as if I never left.
Return me and I'll return—smaller than the seed,
more silent than forgetfulness,
I'll return to be one of your seeds
that never turned into fruit.
I told him Father,
now you're a mountain—
embroider me within, with no way out
like the waters of the deep.

מִשִּׁירֵי אִמּוֹת הָאֶבֶן

א

הֵם חָדְלוּ לִקְרֹא לִי.
גַּם בְּעָבְרִי בָּרְחוֹב אִי אַתָּה יָכוֹל לִרְאוֹת
אֶת קוֹלוֹתֵיהֶם מוּנָפִים לְעֶבְרִי.
הָפַכְתִּי לְאַחַת מֵאִמּוֹת הָאֶבֶן הַכְּבֵדוֹת
שֶׁגַּם בְּעֵת תְּנוּעָתָן הַתְּזוּזָה בָּהֶן נִבְלֶמֶת
וְאִי אַתָּה יָכוֹל לִרְאוֹת אוֹתִי נָעָה
אַף כְּשֶׁאֲנִי מְרַקֶּדֶת.

הֵם חָדְלוּ לִקְרֹא לִי.
גַּם כְּשֶׁנִּסָּה מִי מֵהֶם קוֹלוֹ אֵלַי לָשֵׂאת
נִתַּז קוֹלוֹ מִמֶּנִּי
שֶׁהֲרֵי אֲנִי מְרֻקֶּמֶת רַק לִשְׁמֹעַ
אֶת הָאֶבֶן הָרַבָּה.

ב

אֲנִי, מֵאִמּוֹת הָאֶבֶן הַכְּבֵדוֹת,
קוֹרֵאת לְאַבְרָהָם יִצְחָק וְיַעֲקֹב לֵישֵׁב בְּחֵיקִי
שֶׁמֵּרֹב אֶבֶן אֵינִי מִתְאֶמֶת לְתִינוֹקוֹת שֶׁל הַיּוֹם
וּנְחוּצִים לִי רַבָּנִים מִשֶּׁכְּבָר אוֹ רָאשֵׁי קָהָל
בַּעֲלֵי נוֹצוֹת אֲמִיצוֹת
שֶׁשְּׁתִיקָתָם הַמִּתְמַשֶּׁכֶת תָּבוֹא בְּדוּמִיַּת הָאֶבֶן.

From Poems of Stone Mothers

1

They ceased calling me.
Even when I pass by, you cannot see
their voices waving in my direction.
I turned into one of the heavy stone mothers
whose motion is restrained even when they move
and you can't see me moving
even while I dance.

They ceased calling me
even when one of them tried to let his voice approach me
it splattered off
for I'm patterned to hear only
the abundant stone.

2

I, of the heavy stone mothers
call Abraham, Isaac, and Jacob to settle in my bosom.
Because of so much stone, I'm no longer suitable for today's babies
and I need rabbis of old or community heads
wearing brave feathers
whose continuous quiet will penetrate the silence of stone.

הוֹ, אִמִּי

הוֹ, אִמִּי, שֶׁחֲלָבָהּ פּוֹעֶה כְּטָלֶה,
הוֹ, אִמִּי, שֶׁחֲלָבָהּ צַח כָּמוֹהוּ,
הוֹ, אִמִּי, הַמְשַׁמֶּרֶת חֲלָבָהּ מִן הַלַּהַב
הַכּוֹנֶסֶת אוֹתוֹ אֶל שָׁדֶיהָ
לְבַל יִשָּׁחֵט.

Oh, My Mother

Oh, my mother, whose milk bleats like a lamb,
Oh, my mother, whose milk is pure as she,
Oh, my mother, who keeps her milk from the blade
Who holds it to her breasts
so it won't be slaughtered.

מִי שֶׁנָּגַס בִּי בַּלַּיְלָה

מִי שֶׁנָּגַס בִּי בְּלַיְלָה
עָשׂוּי גַּם לִנְגֹּס בִּי בְּאֶמְצַע הַיּוֹם.
עַל פִּי מַגַּע שִׁנָּיו יָכֹלְתִּי לָדַעַת
שֶׁעַתִּיק הוּא מְאֹד
וְשֶׁחוֹשֵׁשׁ הוּא לְהֵחָשֵׂף לָאוֹר וּלְהִמּוֹג בּוֹ.
אִם יָבוֹא לִנְגֹּס בִּי עִם אוֹר
בִּשְׂמִיכָה אֲכַסֶּנּוּ
וְאֹמַר לוֹ מִלִּים שֶׁל לַיְלָה
שֶׁלֹּא יִנָּזֵק
שֶׁלֹּא תִּתְפּוֹרֵר עַתִּיקוּתוֹ הָרַבָּה
מֵעֹצֶם הַיּוֹם.

He Who Bit Me at Night

He who bit me at night
is also likely to bite me in the middle of the day.
From the feel of his teeth I could tell
he's very ancient
and afraid of being exposed to light or he'd melt.
If he comes to bite me when it's light
I'll cover him with a quilt
and tell him words of night
so he won't be harmed.
So his great ancientness won't crumble
from the force of the day.

יִצְחָק

רִבְקָה נָשְׂאָה לְאִישׁ אֶת הַדִּמְדּוּמִים
שֶׁכָּל־כֻּלָּם בֵּינַיִם,
אָפֹר רָגִישׁ הַמַּרְבֶּה לִסְלֹחַ.
עַל גָּמָל אָצִיל רָכְבָה לְעֵבֶר דִּמְדּוּמֶיהָ
וּכְשֶׁרָאֲתָה אוֹתָם מוּלָהּ
מְתוּנִים כֹּה, רְצִינִיִּים כְּיַסְמִין שֶׁהֶפְרֵד מֵרֵיחוֹ,
נָפְלָה בְּאַחַת מֵעַל הַגָּמָל
חָבִית שֵׁכָר עַלִּיזָה שֶׁהֻתְּרוּ חִשּׁוּקֶיהָ.

Isaac

Rebecca has married the twilights
that are the essence of in-betweens,
a gray so sensitive it easily forgives.
On a noble camel she rode toward her dusks
and seeing them across from her
so restrained, serious as jasmine severed from its fragrance,
she fell off the camel
like a joyous vat of wine
whose hoops have been loosened.

הַמַּחֲצִית הַזּוֹעֶקֶת

בַּחֲצִי הַלַּיְלָה הֵחֵלָּה הַמַּחֲצִית זוֹעֶקֶת
זְעָקָה מִתְמַשֶּׁכֶת, לְלֹא הִתְנַשְּׁמוּת,
לְלֹא פְּסִיק, קַו מָאֳרָךְ.
הָאִמָּהוֹת חָשְׁבוּ שֶׁתִּינוֹקוֹתֵיהֶן הַמְּצַוְּחִים
וְהֶהָרִים — שֶׁאֵלֶּה הַגֵּיאָיוֹת
שֶׁגִּלּוּ לְפֶתַע שֶׁאֵינָם אֶלָּא שֶׁסַע.
מִי יָשִׂים קֵץ לַזְּעָקָה שֶׁאֵינָהּ אֶלָּא קֵץ.
מִי בְּפַטִּישׁ יְפַצְּחֶנָּה
וְאֶל פִּיו הַפָּעוּר יַעֲלִים שְׁבָבֶיהָ.
בַּחֲצִי הַלַּיְלָה הֻתְּכוּ הַשְּׁבָבִים
אֶל הַמַּחֲצִית הַזּוֹעֶקֶת
וְהַבְּהֵמָה וְהַצֹּאן.
פְּעִיּוֹת וּנְהָמוֹת נִסְחֲפוּ כִּנְקֻדּוֹת־חֵן
אֶל גּוּפָהּ הַלֹּא־מְנֻקָּד, חֲסַר הָאוֹנִים בְּאַלִּימוּתוֹ
שֶׁל הַמַּחֲצִית הַזּוֹעֶקֶת.

The Crying Half

At the half-point of night the half began crying
a continuous cry, without taking a breath,
without a pause, an extended line.
The mothers thought it was their babies screaming
and the mountains—that the valleys
had suddenly discovered they were but a chasm.
Who will put an end to the cry that's but an end.
Who with a hammer will split it
and into its open mouth make its sparks disappear.
At midnight the sparks were soldered
to the crying half
and the animals and the cattle.
Neighings and brayings were swept like beauty marks
onto the unmarked body of the crying half,
helpless from its own violence.

נֹחַ

נֹחַ הִתְקִין גַּלְגַּלִּים לְתֵבָתוֹ
וּגְרָרָהּ אַחֲרָיו
שֶׁמָּא יִתְחַדֵּשׁ פִּתְאוֹם הַמַּבּוּל.
הַגְּפָנִים שֶׁהִבְחִינוּ בַּסְּנַפִּירִים שֶׁבִּצְדָעָיו
וּבַקַּשְׂקֶשֶׂת הַבּוֹהֶקֶת בְּמִפְתַּח כֻּתָּנְתּוֹ
הָפְכוּ צִמּוּקִים, כִּבּוּ עֲסִיסָם
לְהַרְגִּיעוֹ מִלַּחְלוּחִיתָם הַמְטַבַּעַת.
נֹחַ הִתְקִין גַּלְגַּלִּים לְתֵבָתוֹ
וּכְשֶׁיְּלָדִים נִתְלוּ בִּיצוּלֶיהָ לִנְסֹעַ
נֹחַ בְּאַהֲבָה חִלֵּק בֵּינֵיהֶם
כַּדּוּרִים שְׁבִירִים שֶׁל אֲרָרָט.

Noah

Noah installed wheels on his ark
dragging it after him
in case the flood suddenly returned.
The grapevines, noticing fins at his temples
and shiny scales at the opening of his shirt,
turned into raisins, dried out their juices
to ease his fear of their drowning wetness.
Noah installed wheels on his ark
and when children hung from its side-poles for a ride
Noah lovingly offered them
brittle clods of Ararat.

הַמֶּלֶךְ קִמֵּט

הַמֶּלֶךְ קִמֵּט כָּל זִכְרוֹנוֹתָיו
וְאַרְצָה הִשְׁלִיכָם
בְּעוֹד הֵם מְנַסִּים לִזְחֹל עַל גְּחוֹנָם,
לְהִמָּלֵט.
צִבְעֵי הַזִּכְרוֹנוֹת נִמְהֲלוּ זֶה בָּזֶה
וְרֵיחוֹתֵיהֶם
וְאַף אִם יְרִימֵם הַמֶּלֶךְ
לֹא יֵדַע עוֹד הֵיכָן הִתְרַחֲשׁוּ
וּמָתַי וְכֵיצַד.
עַתָּה מִתְיַשֵּׁב הוּא, זִכָּרוֹן קָמוּט מְאֹד,
בַּחֲדַר אוֹצְרוֹתָיו עַל הָאָרֶץ,
וּמַנִּיחַ לָהֶם בְּאַהֲבָה, לְהַכְתִּים מִכְנָסָיו.

The King Wrinkled

The king wrinkled all his memories
and threw them to the ground
as they tried crawling on their bellies
to escape.
The colors of the memories mixed with each other
and their scents
and even if the king lifts them
he'll no longer know where they happened
or when or how.
Now he sits down, a very wrinkled memory,
in his treasure room on the earth
and leaves them alone, with love, to stain his clothes.

אֱלֹהֵי הָאֲגָסִים

אֱלֹהֵי הָאֲגָסִים בָּלַע אֶת אֲגָסָיו
וּבְהִבָּלְעָם רָאוּ שֶׁהֵם בְּצַלְמוֹ כִּדְמוּתוֹ
שֶׁתָּמִיד לֹא הָיָה לָהֶם גּוּף
רַק נִדְמוּ לִהְיוֹת אֲגָסִים
זְהֻבִּים שֶׁקְּרוּמָם רָקוּעַ.
אֱלֹהֵי הָאֲגָסִים בָּלַע אֶת אֲגָסָיו
וּבְהִבָּלְעָם חָשׁ בְּאַגָּסִיּוּתוֹ הַמִּתְגַּלֶּמֶת
בִּקְלִפָּה מְחֻסְפָּסָה שֶׁאוֹתוֹ תּוֹחֶמֶת
וְעוֹשָׂה לוֹ גְּבוּלִין.

The God of Pears

The God of pears swallowed his pears
and while being swallowed they saw
that they were in the likeness of his image
that they never had a body
only appeared to be golden
pears whose outer skins were flattened.
The God of pears swallowed his pears
and while swallowing them
felt his own pearness being embodied
in a coarse peel that encompassed him
and set him borders.

פְּנֵי סָבוֹ

וּכְשֶׁרָאָה הָאִישׁ שֶׁפָּנָיו פְּנֵי סָבוֹ
הֵחֵל דּוֹבֵר אֶל עַצְמוֹ בְּקוֹל רָם
עַל פְּנֵי הַדּוֹרוֹת.
וְאִשְׁתּוֹ הַנּוֹשֶׁמֶת בְּמִטָּתָם הָרְחָבָה
צִמְצְמָה עֵינֶיהָ
בְּכַף יָדָהּ עֲלֵיהֶן הֶאֱהִילָה
לִקְלֹט אוֹתוֹ מִן הַמֶּרְחָק.

His Grandfather's Face

And when the man saw that his face was the face of his grandfather
he began speaking to himself out loud
across the generations
and his wife breathing in their wide bed
narrowed her eyes
the palm of her hand over them like a tent
to catch sight of him from the distance.

אֱלוּל

הִנֵּה בָּאוּ הַסְּלָעִים לְהִמָּחֵל
עַל כִּי תְּנוּעָה אֵין בָּהֶם
וְהַפְּסָגוֹת לְהֵרָחֵם בָּאוּ כִּי רָחֲקוּ כֹּה מֵהָאָרֶץ.
הַיָּם גַּלָּיו הִבְלִיעַ, בּוֹשׁ שֶׁאֵין בּוֹ מָנוֹחַ.
רַק הַסְּלִיחָה עַצְמָהּ, רְפוּיַת סְנַפִּירִים,
צַחָה כַּבָּרָק שֶׁאֵינֶנּוּ לוֹהֵט,
לֹא יָדְעָה מִמִּי לְבַקֵּשׁ רַחֲמִים.
רַק הַסְּלִיחָה עַצְמָהּ,
מְטֻשְׁטָשָׁה כַּמְּחִצָּה בֵּין דִּמְדּוּמִים לִשְׁקִיעָה,
לִפְנֵי עַצְמָהּ כָּרְעָה עַל בִּרְכַּיִם.

Elul

Here the rocks came to be forgiven
because they couldn't move
and the heights came to receive compassion
for being so distant from earth.
The sea swallowed its waves, embarrassed for being restless.
Only forgiveness itself, weak-finned,
pure as lightning that doesn't burn,
didn't know from whom to beg forgiveness.
Only forgiveness itself
blurred as the line between dusk and sunset
fell on its knees before itself.

מִי יִקָּחֵנוּ

מִי יִקָּחֵנוּ אֵל חֵיקוֹ עִם עֶרֶב —
הָאֵל הַגָּדוֹל עָיֵף כָּל כָּךְ
וְאֵין בְּכֹחוֹ לְשֵׂאתֵנוּ עוֹד.
עָצַמְנוּ מִמֶּנּוּ.
לוּ פְּרָחִים אָנוּ — עוֹד תְּקָפוֹ נִיחוֹחֵנוּ
לוּ מַיִם — וְאֵדֵינוּ נָגְעוּ בְּשׁוּלָיו.

מִי יִקָּחֵנוּ לְחֵיקוֹ עִם עֶרֶב —
הָאֵל הַגָּדוֹל עָיֵף כָּל כָּךְ
וּתְפִלּוֹתֵינוּ אֵינָן מַגִּיעוֹת עָדָיו
כְּבֵדִים מִשְּׁקִיעָה הַיַּמָּה נָגֹלְנוּ —
כְּאֶל חֵיק רָחָב.

מִי יְחַלֵּץ הַתְּפִלּוֹת מִתַּחְתֵּנוּ
שׁוּרוֹתֵיהֶן הַכְּבֵדוֹת יִפְרֹף לְאַט,
כְּמוֹ בְּסַבְיוֹן יִנְשֹׁף בָּהֶן רוּחַ —
שֶׁיִּקְחוּ תְּפִלּוֹתֵינוּ כְּמֶשִׁי פָּרִיךְ
אֶת הָאֵל הַגָּדוֹל הֶעָיֵף אֶל חֵיקָן
עַד יֵרָדֵם וְיָנוּחַ.

Who Will Take Us?

Who will take us into his bosom at evening—
the great God is so tired
and has no strength to carry us anymore.
We grew too big.
If only we were flowers—our scent would still grab him
if only we were water—our mist would touch his hem.

Who will take us into his bosom at evening—
the great God is so tired
and our prayers no longer reach him,
heavy from sunset we rolled into the ocean—
as if into a wide bosom.

Who will rescue the prayers from under us
and slowly unravel their ponderous lines,
blowing wind into them
as through goldenrod
so our prayers will take the great tired God
to their bosoms like delicate silk
till he falls asleep
and rests.

אֵינִי זְקוּקָה לִמְאוּם

אֵינִי זְקוּקָה לִמְאוּם כְּדֵי לְהַפְרוֹתֵנִי
מִלְּבַד אוּלַי לְחֹפֶן גַּרְגְּרֵי־חִטָּה בְּלוּלִים בְּסַעֲרַת־רוּחַ
וְלַכּוֹבְסוֹת הָעוֹמְדוֹת לְצַד הַדֶּרֶךְ וּמַבִּיטוֹת בִּי בְּפִקְפּוּק
אוּכַל לְהַרְאוֹת כִּכַּר לֶחֶם טְרִיָּה
אוֹתָהּ הָרִיתִי אַךְ הַיּוֹם.

I Need Nothing

I need nothing to fertilize me
except perhaps a handful of wheat berries
mingled in windstorm
and to the laundresses who stand at the side of the road
looking at me with doubt
I can present a fresh loaf of bread
I conceived just today.

רוּת

רוּת לָפְתָה אֶת בֹּעַז בְּמָתְנָיו
סוֹחֶטֶת מִמֶּנּוּ תְּבוּאָה.
בֹּעַז, בִּשְׁנָתוֹ, תָּמֵהַּ
שֶׁהוּא שֶׁאֶת הָאֲדָמָה עוֹבֵד תָּמִיד
הִנֵּה הָאֲדָמָה אוֹתוֹ עוֹבֶדֶת
בְּזֵעַת אַפֶּיהָ.
פְּקַעַת קִיטוֹר מְתוּחָה, רוּת,
מְסָלְסָלָה כְּיִפְחָה,
עֵרָנִית כָּאִישׁוֹן,
צוֹפָה בּוֹ נוֹסֵק וּמַמְרִיא
כִּתְנוּפַת הָעֹמֶר,
עֶפְרוֹנִים מְרֻעָבִים מְפַרְכְּסִים
בַּהֲמוֹן נִיצוֹצָיו.

Ruth

Ruth grabbed Boaz by the thighs
squeezing wheat from him.
Boaz in his sleep was amazed
that he who had always worked the earth
was now being worked upon by her
with the sweat of her brow.
A tense coil of steam—Ruth—
curled as a sob
awake as the pupil of an eye
basking in his landing and taking off
the way grain is lifted
and hungry larks flicker
in its many sparks.

וְכָךְ שָׁהָה בִּי מִסְפַּר שָׁנִים

וְכָךְ שָׁהָה בִּי מִסְפַּר שָׁנִים.
צִפֳּרִים נוֹדְדוֹת הֵצֵלּוּ לְרֶגַע עַל רָאשֵׁינוּ
עִם חִלּוּפֵי הָעוֹנוֹת,
הַשֶּׁמֶשׁ נִדְלְקָה וְכָבְתָה — אוּד מֻצָּל מֵעַצְמוֹ —
וְהוּא עוֹדֶנּוּ שׁוֹהֶה בִּי
מְפַרְכֵּס עַל טַבּוּרִי
נוֹאֵק
וּשְׂעָרוֹ שָׁב לְאִטּוֹ.
יֵשׁ וְהָיָה עוֹלֶה בִּי הִרְהוּר פְּרֵדָה
לְמִשּׁוֹתוֹ מִתּוֹכִי בְּכֹחַ, כְּגִבְעוֹל רָטֹב,
נִתְקַשֵּׁיתִי אֲזַי לְאַתֵּר גְּבוּלוֹתֵינוּ.
וּבְעוֹדֶנּוּ שׁוֹהֶה בִּי, רָבוּץ עַל אַרְבְּעוֹתָיו,
נוֹפַפְתִּי יָדַי לָעוֹבְרִים וְשָׁבִים
מְשִׂיחָה שִׂיחוֹת שֶׁל מַה־בְּכָךְ
וּמְסָרֶקֶת בַּאֲרִיכוּת אֶת שְׂעָרִי
הַשּׁוֹלֵחַ שְׁלוּחוֹת אֶל פְּרִיחַת הַשָּׁטִיחַ.

And So He Stayed Within Me a Number of Years

And so he stayed within me a number of years
migratory birds shaded our head for a moment
as seasons changed,
the sun lit up and went out—an ember snatched from itself—
and still he remains
shuddering on my navel
groaning,
his hair slowly going white.
Sometimes a thought of separation would occur to me,
to yank him from within like a wet stem,
I found it hard to locate our boundaries.
And while he was dwelling in me, crouching on all fours
I was waving my hands, making light conversation
with passersby
lengthily combing my hair
that sends out sprouts to the blossoming carpet.

מִנַּיִן אַדְמוּמִיתוֹ

מִנַּיִן אַדְמוּמִיתוֹ שֶׁל הַתַּפּוּחַ –
הָיְתָה חַוָּה חוֹשֶׁבֶת –
הַאִם הִתְפַּרְכֵּס לְפַתּוֹתֵנִי
אוֹ סֹמֶק פָּשָׂה בּוֹ
כְּשֶׁרָאָה עוֹרִי הַמָּתוּחַ כְּפַקּוּעָה
וְטֶרֶם סָפַגְתִּי הַבֹּשֶׁת?

Where Did Its Redness Come From

Where did the apple's redness come from,
Eve wondered—
did it put on makeup to seduce me
or did it blush
seeing my skin tight as a bud
and no shame yet absorbed in me?

בְּאוֹתוֹ לַיְלָה

א

בְּאוֹתוֹ לַיְלָה הֻבְרַר לוֹ שֶׁאִישׁ אֲנִי
אִישׁ כָּבֵד וּזְעוּם אֲרֶשֶׁת
שֶׁשִּׂיחָתוֹ מְהוּלָה בְּנִיבִים זָרִים
וְעַד כֹּה כְּשֶׁנָּגַע בִּי אַחֶרֶת
טָעָה.
אֲנִי אִישׁ.
כָּךְ רָאָה.
"אַתְּ אִישׁ", כָּךְ אָמַר
שֶׁהֲרֵי מֻרְגָּל הָיָה לִקְרֹא לִי "אַתְּ"
כָּל אוֹתָן הַשָּׁנִים.
לַחֲנוּת נִגַּשׁ יַחְדָּו וְנִקְנֶה מִגְבָּעוֹת תּוֹאֲמוֹת
וּנְדַבֵּר אִישׁ אֶל רֵעֵהוּ
בְּקוֹלוֹת עָבִים.

ב

עַתָּה, מִשֶּׁהֻבְרַר שֶׁאִישׁ אֲנִי
נִמְצָא שֶׁאֲנִי אֲבִיהֶם שֶׁל יְלָדַי
וּגְדוֹלָם הָיָה בְּרֶחֶם שֶׁל אָב
שֶׁהוּא חַם וְשָׂעִיר. לְלֹא דֶּמַע.
יְלָדַי, קִרְאוּ לִי אִמָּא
וּבְדַבְּרִי אֲלֵיכֶם אָפִיק הַדַּק בְּקוֹלוֹתַי
וְכוֹבָעִים וְסִינָרִים אוֹסִיף לְרַקֵּם
בְּאֶצְבְּעוֹתַי הַגְּדוֹלוֹת.
יְלָדַי, קִרְאוּ לִי אִמָּא
גַּם אִם הֶחָלָב קָפָא בִּקְצֵה פִּטְמוֹתַי.

That Very Night

1

That very night it became clear to him that I'm a man
a heavy man with strict countenance
whose talk is mixed with strange dialects
and until now when he was touching me otherwise
he was wrong.
I'm a man.
So he saw.
"She's a man," he said,
for he was used to calling me "she"
all those years.
Together we'll go to the store
and buy matching hats
and speak to each other
in thick voices.

2

Now that it is clear that I'm a man
it turns out that I'm the father of my children
and their growth was in a father's womb
warm and hairy and tearless.
Children, call me mother
and when I speak to you I'll try
my thinnest voice
bonnets and aprons I'll continue to embroider
with my large fingers.
Children, call me mother
even if the milk froze at the tip of my nipples.

ג

כָּל דְּבָרַי שֶׁכָּתַבְתִּי עַד כֹּה —
אִישׁ כְּתָבָם.
וַאֲנִי חָשַׁבְתִּי שֶׁהָיוּ כְּאִשָּׁה
תּוֹפְחִים וְצוֹמְקִים עִם הָעוֹנוֹת, כָּמוֹהָ.
וְלֹא הִיא.
יְשָׁרִים וּקְבוּעִים הֵמָּה, חַסְרֵי חַמּוּקַיִם.
נַעֲרָה כִּי תִּגַּשׁ אֲלֵיהֶם
בִּזְרוֹעַ בּוֹטַחַת אוֹתָהּ יַקִּיפוּ —
וְתִפָּעֵר.

3
All the words I've written till now—
a man wrote.
Once I thought they were like a woman
swelling and shrinking with the seasons like her.
It's not so.
They were straight and set, void of curves.
When a girl approaches them
with a confident arm, they'll embrace her
and she'll open wide.

לְבְעֹר

מַה יוֹדֵעַ לְבְעֹר?
נְיָר, הוּא אָמַר
וְעָפָר
וַאֲבָנִים.
הַנְּיָר מִתְלַקֵּחַ בְּבַת־אַחַת,
מִתּוֹךְ הַסְכָּמָה,
וְהֶעָפָר מִתְלַקֵּחַ בְּמַעֲצוֹרִים מְרֻבִּים,
כְּאִלּוּ אֵינוֹ מֵבִין אֶת מַהוּת הָאֵשׁ
הַמִּשְׁתַּנָּה לְלֹא הֶרֶף.
הָאֲבָנִים, הוּא אָמַר,
הָאֲבָנִים,
בְּעֵירָתָן זַכָּה, בִּלְתִּי נִרְאֵית
הָיִיתִי מְדַמֶּה אוֹתָהּ בְּרֶגַע זֶה
לְפָנַיִךְ.

To Burn

What knows how to burn?
Paper, he said
and soil
and stones.
Paper ignites at once,
willingly,
and soil ignites with many hesitations,
as if it doesn't understand the essence of fire
that keeps changing.
Stones, he said,
stones,
their burning is pure, unseen
I'd compare it at this moment
to your face.

צִלִּי שָׁב

צִלִּי שָׁב אֵלַי, לְלַוּוֹתֵנִי,
אוּלַי כְּהוֹכָחָה שֶׁשּׁוּב אֲנִי חַיָּץ
בֵּין הַשֶּׁמֶשׁ לְבֵין הַקַּרְקַע.
מֶשֶׁךְ הֶעְדֵּרוֹ נִשְׁתַּנָּה צִלִּי
נִתָּן לוֹמַר שֶׁהוּא צָעִיר יוֹתֵר
אוֹ חֲסַר־בּוּשָׁה אוֹ נְטוּל־פַּחַד.
לְאַחַר שֶׁשָּׁהָה זְמַן בִּלְעָדַי
בַּעֲקֵבַי יִשְׁתַּעֲשֵׁעַ
טֶרֶם בָּהֶם יִדְבַּק.

My Shadow Returned

My shadow returned to accompany me
perhaps as proof that again I'm a partition
between sun and ground.
During its absence my shadow changed
you could say it's younger now
or unembarrassed or unafraid.
After spending time without me
it plays with my heels
before clinging to them.

בּוֹר

לָבַשְׁתִּי וּפָשַׁטְתִּי אֶת הַבּוֹר חֲלִיפוֹת.
אוֹ שֶׁמָּא לָבַשׁ אוֹתִי הַבּוֹר חֲלִיפוֹת וּפָשַׁט.
אֲנִי בְּמַעֲמַקָּיו הֻכְתַּרְתִּי, עֽוֶרֶת בְּתַכְרִיכַי.
וְהוּא הֻכְתַּר בְּמַעֲמַקַּי.
עַד אֵין־כֶּתֶר.
עַד אֵין דַּי.

Pit

Alternately I wore and took off the deep pit.
Or perhaps the pit wore me and took me off in turn.
I was crowned in its depths, blind in my shrouds.
And the pit was crowned in my depths.
Until no-crown.
Until no end.

מֵעֵבֶר מִזֶּה

נִתְקַלְתִּי בֶּחָתוּל שֶׁבָּא מֵעֵבֶר מִזֶּה.
עַד כְּדֵי כָּךְ מֵת, שֶׁחָצָה אֶת מוֹתוֹ וְשׁוּב הָיָה חַי.
הִנֵּהוּ מְיַלֵּל. מַה יִּרְצֶה לוֹמַר וְטֶרֶם שָׁמַעְתִּי.

Beyond This

I bumped into the cat that came from beyond all this.
It was so dead it crossed its death and was alive again.
Here, it howls. What does it wish to say that I haven't heard.

אָחוֹר

כָּל שֶׁסְּבִיבֵנוּ הָיָה אָחוֹר
וּכְשֶׁהִצְלַפְנוּ בּוֹ שֶׁיִּסֹּב וּבְעֵינֵינוּ יַבִּיט
הָיָה סָב, וְהִנֵּה גַּם כָּךְ הוּא אָחוֹר.
מַה קָּרוֹב הָאָחוֹר אֵלֵינוּ
מַדּוּעַ בִּקַּשְׁנוּ רַק אֶת הַפָּנִים
הִלָּפֵת בְּבִטְנִי, אָחוֹר
מוֹשְׁכֵנִי אַחֲרֶיךָ
הַנָּח לְאֵין־פָּנַי לִבְהוֹת בְּאֵין־פָּנֶיךָ.

Behind

All around us was behind
and when we whipped it so it would turn around and look us in the eye
it would turn, and still it was behind.
How close behind is to us
Why did we wish just for front
Clasp my belly, O Behind
Pull me after you
Let my non-face gaze into yours.

הַסֶּלַע הַקָּשֶׁה

הַנֹּחַם נִמְצָא בַּסֶּלַע הַקָּשֶׁה
שֶׁאֶל הַבַּיִת לֹא יָבוֹא
עַל כִּסֵּא לֹא יֵשֵׁב
וּבְפַת לֹא יִסְעַד לִבּוֹ.
בַּחֲלוֹף הַסֶּלַע עִם עֶרֶב עַל הַשְּׁבִיל שֶׁלִּפְנֵי הַבַּיִת
לֹא יִפְנֶה כְּשֶׁיִּצְעֲקוּ בִּשְׁמוֹ.
יָד אוֹחֶזֶת בְּמַטֶּה לוּ תַּכֶּנּוּ
לֹא תַּגִּיר מֶנּוּ מַיִם.
יֵשׁ שֶׁהוּא מִתְפָּרֵשׁ פִּתְאוֹם עַל אַחַד הַמִּדְרוֹנוֹת
וּמִן הַחַלּוֹן הַפָּתוּחַ נִשְׁמַעַת הֶמְיַת חֲלִילוֹ.

The Hard Rock

Consolation is found in the hard rock
that won't come into the house
won't sit on a chair
and will eat no bread.
When the rock passes at evening on the path in front of the house
it won't turn when its name is called.
If a hand holding a rod would strike it
water would not pour out.
Sometimes suddenly the rock spreads out on one of the slopes
and from the open window the sound of its flute is heard.

עפר

קוֹדֶם לָכֵן לֹא יָדַעְתִּי
שֶׁבָּאָבָק טְמוּנִים הָרַחֲמִים
שֶׁעָלַי לְהִתְכַּסּוֹת בּוֹ לְאִטִּי, כְּאוֹגֶרֶת נְקֻדּוֹת חֵן
לֹא לְהַשְׁלִיכוֹ מֵעָלַי
בְּחִבָּה עָלַי לִקְרוֹא בִּשְׁמוֹ, אָבָק, אָבָק
בּוֹא, דְּבַק, אַל תִּרְחַק, אָבָק, אָבָק
אָבָק.

Dust

Beforehand I never knew
that in dust lies compassion
and I must cover myself with it as if gathering beauty marks
not to throw it away
with affection I should call it dust, dust
come and stick, don't get away, dust, dust,
dust.

שְׁמַע יִשְׂרָאֵל, בְּמַעֲמַקֵּי בֵּיתֵנוּ

שְׁמַע יִשְׂרָאֵל, בְּמַעֲמַקֵּי בֵּיתֵנוּ
מִתְגּוֹרֵר לְבַדּוֹ הַחֶדֶר הָרֵיק
מַה נַּעֲשֶׂה בּוֹ, בַּחֶדֶר הָרֵיק
מַה נַּעֲשֶׂה בּוֹ, בַּחֶדֶר הָרֵיק
הֲנִכָּנֵס וְנִצְטוֹפֵף בֵּין קִירוֹתָיו
אוֹ שֶׁמָּא מִנְחָה נַקְרִיב לְפָנָיו
הֲנִצְעַק אֶל חֲלָלוֹ אוֹ שֶׁמָּא נִצְהַל
הֲנִפְתַּח דַּלְתוֹתָיו וְשֶׁמָּא נִנְעַל
הֲנִקְרָא לוֹ מַרְתֵּף, הֲנִקְרָא לוֹ הֵיכָל
מַה נַּעֲשֶׂה בּוֹ בַּחֶדֶר הָרֵיק, מַה נַּעֲשֶׂה בּוֹ בַּחֶדֶר הָרֵיק
הֲנִתְפָּרֵעַ לִכְבוֹדוֹ, הַאִם נִסְתָּרֵק
הֲנָבוֹא בְּמַחֲבוֹאִים עִמּוֹ לְשַׂחֵק
לְתָפְסוֹ וְלִלְחֹשׁ לוֹ: חֶדֶר רֵיק, חֶדֶר רֵיק
חֶדֶר רֵיק.

Sh'ma Yisrael, in the Depths of Our Home

Hear O Israel, in the depths of our home
Dwells all alone the empty room
What shall we do with the empty room
What shall we do with the empty room
Shall we enter and huddle behind its walls
Or bring an offering and before it fall
Shall we exalt in its space or maybe just whine
Shall we open its doors or behind them confine
Shall we call it cellar, shall we call it shrine
What shall we do with the empty room, what shall we do with the
    empty room
Shall we dishevel, or comb in its honor?
Shall we play hide & seek in its corners?
Then grab it and whisper:
empty room empty room empty room.

אַשְׁרֵי

אַשְׁרֵי הַמִּזְדַּוְּגִים בְּהוֹרֵיהֶם
בְּמַחְתֶּרֶת
בְּפֶתַח־עֵינַיִם
וְהֵם קִצְרֵי־רֹאִי וַחֲזִיתָם מְטֻשְׁטָשָׁה
רַק עָרְפָּם חָזָק וְרָגִישׁ וּמְשׁוֹשִׁים בְּגַבָּם
וְהֵם בְּהוֹרֵיהֶם מִזְדַּוְּגִים לְאָחוֹר
רָצוֹא וָשׁוֹב
עוֹד וָעוֹד
כְּחָם עִם נֹחַ, כִּבְנוֹת עִם לוֹט
לְהַזְרִיעַ עַצְמָם מֵחָדָשׁ, אוֹ לִבְלֹם הַוָּלְדָם כָּלִיל
מַצְמִיתִים אַחֲרִיתָם לָרֵאשִׁית
וְהֵם כַּדּוּר כָּלוּא שֶׁל יְקוֹד
עַד תִּמָּצֵא מְנוּחָה
עַד שֶׁיִּכְלוּ הַתְּנוּעוֹת
עַד
וְלֹא עוֹד.

Happy Are They

Happy are they who mate with their parents
underground
at the crossroads
at the Opening of Eyes
and they're short-sighted with a blurry vision
only their nape is strong and sensitive
antennae in their backs
they couple with their parents backwards
back and forth
again and again
like Ham with Noah, like his daughters with Lot
to seed themselves anew, or block their own births
sticking end to beginning
and they're a bullet of fire
till rest is found
till movements cease
until
and nevermore.

בְּצֵאת הַשָּׁנִים

בְּצֵאת הַשָּׁנִים
אָמַר אַבָּא: קוּמִי
וַאֲנִי אָמַרְתִּי: בְּשׁוֹכְבִי תְּקוּמָתִי
וּפָרַשְׂתִּי לְפָנָיו רַחֲבֵי מִטָּתִי
וְחוֹל וְכוֹכָב בָּהּ חוֹנִים
וְחוֹל וְכוֹכָב בָּהּ אוֹתָנוּ מוֹנִים
וְאוֹתָנוּ אוֹרְגִים לְעֵרֶב וּשְׁתִי
לִירִיעָה רַבָּה בְּקוֹמְמִיּוּת מִטָּתִי.

With the Passing of the years

With the passing of the years
my father said: rise
and I said: in my lying down is my rising up
and before him I spread my bed's expanse
where sand and stars rest
where sand and stars count us
and weave us into woof and warp
into endless covering in my bed's uprising.

גִּלִּיתִי לַדָּג

גִּלִּיתִי לַדָּג אֶת שְׁמוֹ הַשּׁוֹתֵק.
הוּא הָגָה אוֹתוֹ בְּפִיו
עַד שֶׁקָּרְאוּ הַמַּיִם שְׂפָתָיו
עַד שֶׁהֵפִיצוּ הַמַּיִם שְׁמוֹ
בְּהִתְאַדּוּתָם בְּעָנָן, בְּהַכּוֹתָם בַּחוֹף
בְּהִתְיַבְּשָׁם לְאַיִן.
וְהָאַיִן לֹא יָדַע לְבַטֵּא שֵׁם הַדָּג
הֲגַם שֶׁשֵּׁם שׁוֹתֵק הוּא.

I Revealed to the Fish

I told the fish his own silent name.
He formed it with his mouth
till the water read his lips
till the water spread his name all over
steaming into cloud
beating against the shore
drying into nothingness.
And nothingness didn't know how to pronounce the fish's name
though a silent name it was.

עַתִּיק

עַתִּיק מִן הַזְּמַן מוֹתִי
אֵיךְ אָמַרְתִּי "לֹא אָמוּת"
מִי מִפִּי דִּבֵּר
הַאִם מִי מֵאֲהוּבַי נוֹעָז לַחְדֹּר
לְתוֹךְ פִּי
וּבִלְשׁוֹנִי, שֶׁהֵיטִיב לְהַכִּיר כֹּה, דִּבֵּר
וּבְקוֹלִי, שֶׁפַּעַם רַק לוֹ נוֹעַד
צִוָּה זְמַנַּי לְאָחוֹר?

Ancient

More ancient than time is my death
how did I ever say "I won't die"
who spoke from my mouth
which of my beloveds dared to enter
my mouth
to speak with my tongue that he knew so well
use my voice once tuned only to him, dared
to order my times back?

יְרוּשָׁלַיִם

לְאַחַר שֶׁקְּרָאַנִי בִּשְׁמִי הַחֲשָׁאִי, "יְרוּשָׁלַיִם"
הֻכְרַחְתִּי לִגְלוֹת. הָלַכְתִּי הָלֹךְ וּבָכֹה.
יְלָדִים שֶׁלֹּא אֶהְיֶה שׁוּב אִמָּם
הֻפְרְדוּ לְבֵיצִית וּלְזֶרַע.
כִּסֵּא שֶׁלֹּא אֵשֵׁב עוֹד עָלָיו
הִשְׁרִישׁ לְאֶרֶז.
מַטֶּה עֵירֹם מִנָּחָשׁ וְתַנִּין
עַל הַחוֹל בְּחָפְזָה רָשַׁם
שְׁמוֹתַי הַמֻּתָּרִים, הַגְּלוּיִים
כְּדֵי שֶׁאָשׁוּב.

Jerusalem

After being called by my secret name "Jerusalem"
I had to be exiled. So I went, weeping as I went.
Children whose mother I won't be again
re-split into egg and seed.
A chair on which I won't sit again
re-rooted itself to a cedar tree.
A staff naked of serpent and snake
wrote my old public permissible names
hastily in the sand
so I'd return

פְּגִימָה

עַתָּה כְּשֶׁפָּגַמְתִּי בּוֹ פְּגִימָה
יֻטְבַּע בּוֹ חוֹתָם
וּבִפְגִימָתוֹ יוּכַל אֱלֹהָיו לָבוֹא
וּבִפְגִימָתוֹ אֲנַגַּע גַּם אֲנִי
וְאֶהֱרֶה מִמֶּנָּה.

Defect

Now that I've damaged him
he'll be marked
and through his blemish his God could enter
and by his blemish I too will be afflicted
and conceive.

מַעֲשִׂים

הַמַּעֲשִׂים הַיּוֹם כְּבֵדִים מְאֹד.
יֶלֶד לֹא יוּכַל אוֹתָם לָשֵׂאת. וְלֹא אָב.
הַהוֹגֶה אוֹתָם נִבְהַל וָמֵת.
כְּפָג הֵם תְּפוּחִים. בָּסְרִיִּים. מְרִירִים.
רַק עֻבָּר יוּכַל
כְּכַדּוּר לְגַלְגְּלָם לְפָנָיו.

Deeds

The deeds are very heavy today.
No child could bear them. Nor father.
Who contemplates them will be shocked and die.
Like a preemie they're swollen. Unripe. Bitter.
Only an embryo could
roll them forward like a ball.

הַחֶלְקִיּוּת נִתְקַבְּצָה

הַחֶלְקִיּוּת נִתְקַבְּצָה לְכָל חֲלָקֶיהָ וְלֹא נוֹצַר הַשָּׁלֵם
הֵיאָךְ לֹא נוֹצַר הַשָּׁלֵם מִן הַחֲלָקִים הַמְקֻבָּצִים, הֲגַם
שֶׁגֻּמְחוֹתֵיהֶם תּוֹאֲמוֹת וְחַמּוּקֵיהֶם תּוֹאֲמִים, הֵיאָךְ
לֹא נוֹצַר הַשָּׁלֵם הֲגַם שֶׁשָּׁבְצוּ הָרְכִיבִים אֶחָד לְאֶחָד
כְּמַנְגִּינָה, כִּבְרִיאָה, כְּמַחֲזוֹר הַמַּיִם, וּכְבָר הַחֶלְקִיּוּת
כֻּלָּהּ מְקֻבֶּצֶת, דָּבָר בָּהּ לֹא חָסֵר, אֲפִלּוּ
הַחִסָּרוֹן עַצְמוֹ מְעֻגָּן בָּהּ, כְּאֶבֶן פִּנָּה מְעֻגָּן בָּהּ
אֲפִלּוּ הַחִסָּרוֹן מְעֻגָּן בָּהּ
שֶׁתּוּכַל לְאַבֵּד בּוֹ עַצְמָהּ.

Partialness Gathered

Partialness gathered all its parts and the whole wasn't formed
how was the whole not formed from all the gathered parts, though
all their recesses fit and their crevices, how was
the whole not formed though all the components were set one by
one
like a melody, like creation, like the cycle of water, and already the
partialness
is all gathered, nothing's missing,
even absence itself anchors there, as a foundation stone it anchors
there
even loss itself is anchored in it
so it can lose itself there.

הָגֵף

אַל תִּפְתַּח לָנוּ שַׁעַר. הֲכֵינוּ פְּתִיחָה
וְכָשְׁלוּ מְזוּזוֹת וּמַשְׁקוֹף.
הָגֵף סְפָרֵינוּ. עֲפָרֵנוּ הָגֵף. הָגֵף טַל וּמָטָר. וּבְרָכָה.
הָגֵף הַשַּׁעֲשׁוּעַ. הַגַּחְלִילִית הַקּוֹרֶצֶת. הַלַּחְלוּחִית שֶׁלִּקְרַאת.
הָרְוָחָה.
הָגֵף פִּתְחֵי הַגּוּף וְהַדֶּרֶךְ.
הָגֵף דְּמוּת צַלְמֵךְ וְחֶמְדַּת מַבָּטֵךְ.

Shut!

Don't open the gate for us. We were struck from opening
and doorposts and lintels faltered.
Shut our books. Shut our dust. Shut dew and rain. And blessing.
Shut amusement. The blinking firefly. The moistening of just before.
Relief.
Shut the openings of the body and the way.
Shut the likeness of Your image and the delight of Your look.

שְׁאֵלָה

בְּכָל עוֹנָה מֵעוֹנוֹת הַשָּׁנָה נִשְׁאֲלָה הַשְּׁאֵלָה אַחֶרֶת
וְטָעָה הַקָּהָל לַחְשֹׁב שֶׁשְּׁאֵלוֹת רַבּוֹת הֵן
וְלֹא אוֹתָהּ הַשְּׁאֵלָה הָאַחַת הַחוֹזֶרֶת
שֶׁלְּמַעֲנֶהָ אֵינָהּ נִזְקֶקֶת
וִיעוּדָהּ רַק לַחְלֹף עַל פְּנֵי הַבְּרִיּוֹת, מְשַׁנָּה אֲרֶשֶׁת פְּנֵיהֶם
מַגְבִּיהָהּ וּמַשְׁפִּילָה שִׂפְתֵיהֶם וְגַבּוֹת־עֵינֵיהֶם לִצְלִילֶיהָ
כְּעִפָּרוֹן הָרוֹשֵׁם תְּנוּדוֹת חֹם וָקֹר.

Question

In each of the seasons of the year the question was asked differently
and the people erred in thinking there were many questions
rather than the same one repeated question
that isn't in need of reply
its aim only to pass over the surface of faces, changing their
    expressions
raising and lowering their lips and eyebrows to the sound
like a pencil marking vibrations of heat and cold

לֹא אֶעֶזְבֵךְ

לֹא אֶעֶזְבֵךְ, אָמְרָה לִי הָאָרֶץ
לוֹפֶתֶת אוֹתִי
צְמוּדָה
כָּךְ גַּם אָמְרָה בְּלָפְתָהּ אֶת הַיָּם
בְּטֶרֶם בְּכֹחַ מִתּוֹכוֹ הֻפְרְדָה.

I Won't Abandon You

I won't abandon you, the land said
clutching me
tight
the same way she spoke clutching the sea
just before being torn from it by force

שׁוּב בָּא אֵלַי הָעֵץ

שׁוּב בָּא אֵלַי הָעֵץ וְאֶת הַנְּשִׁירָה תּוֹבֵעַ.
אַךְ לִי הִיא. לִי בִּלְבַד. אֲנִי, אֲנִי הִיא הַנּוֹשֶׁרֶת.
לֹא עָלְוַת עֵצִים.
וְלֹא נוֹצוֹת. לֹא טִיחַ־קִיר.
לֹא טִפּוֹת שֶׁל גֶּשֶׁם. לֹא עֲלֵי כּוֹתֶרֶת.
כִּי אֲצוּרָה הַנְּשִׁירָה
אַחֲרִית־אֵין־קֵץ כְּמֹר עוֹבֶרֶת.
רְחַב חֵיקִי דַּיּוֹ לְנְשֹׁר וְאֶל עַצְמוֹ לְהֵאָסֵף.
קְטוּפָה אֲנִי.
קְטוּפָה יְלָדָה אוֹתִי אִמִּי עוֹד טֶרֶם אֶקָּטֵף
אוֹצָר אֲנִי. טִמְיוֹן. אִבּוּד. מַמְלֶכֶת.
סְתָו אֲנִי
וּמִן הַסְּתָו
לֹא יִגְזֹל הָעֵץ שַׁלֶּכֶת.

Again the Tree Comes to Me

Again the tree comes to me and claims the fall
but it's mine. Mine alone,
I'm the one who falls off.
Not leaves of trees.
And not feathers. Not wall plaster.
Not drops of rain. Not petals.
I'm the keeper of fall
ending-without-end like myrrh passing through.
My bosom is wide enough to shed and embrace its shedding.
I was plucked.
My mother gave birth to me plucked before I was cut.
I'm a treasure. A treasury of losses. A kingdom of loss.
I am autumn
and from autumn
the tree cannot steal the fall.

נָח הַיְּהוּדִי

נָח הַיְּהוּדִי בְּצֵל הַגֶּפֶן. בְּצַל הַתְּאֵנָה. בְּצַל הַחִטָּה.
תַּחַת רֹאשׁוֹ הַמְּעִיל הַמְקֻפָּל מוֹרִיק גַּם הוּא, מְכֻסֶּה נְבִיטָה.
נִצְחִי הַיָּרֹק. שׁוּב כָּחֹל וְצָהֹב
לֹא נִתְבָּעִים זֶה אֶת זֶה לַעֲזֹב.

The Jew is Resting

The Jew is resting in the shade of the vine. In the shade of the fig.
    In the shade of the wheat.
Under his head the folded coat also turns green, as sprouts cover it.
Eternal is green. Now blue and yellow
never again have to split.

בֵּין הָעַרְבַּיִם. שְׁמוּאֵל וְשִׁמְעוֹן, שְׁלֹמֹה וּמֹשֶׁה

בֵּין הָעַרְבַּיִם. שְׁמוּאֵל וְשִׁמְעוֹן, שְׁלֹמֹה וּמֹשֶׁה
אֵצֶל הַשֻּׁלְחָן. אֱלֹהִים, הֵם אוֹמְרִים, אֱלֹהִים.
הַשֶּׁמֶשׁ כָּבְתָה. נְמוּכִים הַשָּׁמַיִם.
וַאֲנַחְנוּ גְּבוֹהִים. וַאֲנַחְנוּ גְּבוֹהִים.
אָנָה נִשָּׂא גָּבְהֵנוּ, אֱלֹהַּ?
נָמוּךְ הָרָקִיעַ. נָמוּךְ. כֹּה נָמוּךְ.
הַעַל כְּתֵפֵינוּ בְּסַלִּים נְרִימֶנּוּ?
הוּא יוֹרֵד. וְיוֹרֵד.
הוּא קָרוֹב וְסָמוּךְ.
מְבַצְבְּצִים כְּבָר רָאשֵׁינוּ מֵעֵבֶר אֵלָיו
לְצַוָּארֵינוּ עָנוּד הוּא כְּצָמִיד
כְּאָזִיק
וְעוֹדֶנּוּ יוֹרֵד
לְרַגְלֵינוּ כּוֹרֵעַ
בְּהוֹנוֹתֵינוּ לוֹחֵךְ
עֲקֵבֵינוּ מַחְזִיק
וּבְיָשְׁבֵנוּ כָּאן אֵצֶל הַשֻּׁלְחָן
כְּבָר שָׁמַיִם מַכְתֵּשׁ שָׁם כּוֹרִים מִתַּחְתֵּינוּ
אִם נִקְפֹּץ, הֵם אוֹמְרִים, אֱלֹהַּ, לַבּוֹר
הָאִם שׁוּב יִזְדַּקְּפוּ שָׁמַיִם עָלֵינוּ?

At Twilight. Samuel and Simon, Solomon and Moses

At twilight. Samuel and Simon, Solomon and Moses
are at the table. God, they say, God.
The sun has gone out. The sky is low.
And we're tall. We're tall.
To where will we carry our height, O Lord?
Heaven's low. Low. So low.
Should we lift it in baskets to our shoulders?
It's going down. And down.
It's near, close.
Our heads already stick out from it
adorning our necks like a bracelet
like a handcuff
and still going down
it bows to our legs
licks our toes
clasps our heels
and while we sit here at the table
the sky's already carving a crater there beneath us
if we jump, they say, O Lord, into the pit
will the Heavens again rise above us?

בַּחֶדֶר הַזֶּה

בַּחֶדֶר הַזֶּה שׁוֹכֵב מוֹתִי עִם מוֹתֵךְ
עַל הַמִּטָּה הַזֹּאת, הַמְּצַעַת
הַסָּדִין לֹא קֻמַּט, לֹא הֻכְתַּם
אֲנָחָה לֹא עָלְתָה
אַךְ בַּחֶדֶר הַזֶּה, כְּמוֹקֵד אֵשׁ תָּמִיד, שָׁכַב מוֹתִי עִם מוֹתֵךְ
וְכֵן בַּחֶדֶר הַסָּמוּךְ לוֹ וּבַפְּרוֹזְדוֹר וּבֶחָצֵר וּבַגַּן
וּבְכָל מָקוֹם אַחֵר בַּנִּמְצָא.

In This Room

In this room my death lay with your death
on this bed, smooth and ready
the sheet was not wrinkled, was not stained
a sigh was not heard
but in this very room, like an eternal flame, my death lay with
your death
and so in the next room and the corridor and the yard and the
garden
and in every other place around.

לְכַלּוֹתֵנִי

הָאִישׁ בַּעַל הַמִּגְבַּעַת נִשְׁלַח לְכַלּוֹתֵנִי, עִם אִשְׁתּוֹ הַדַּקָּה.
אֵין הֵם הַמְּמֻנִּים עַל כִּלְיוֹנִי.
הֵם הַמּוֹלִיכִים. בְּחִינַת רוּחַ.

הָאִישׁ בַּעַל הַמִּגְבַּעַת נִשְׁלַח לְכַלּוֹתֵנִי. עִם אִשְׁתּוֹ הַדַּקָּה.
בִּפְרָטִים לֹא נָשִׂיחַ. שְׁכוּבִים עַל הַמִּטָּה
בָּטְנִים נֹאכַל וּמִינֵי מָלוּחַ.
זְרוֹעוֹת נְשַׁלֵּב
וּבְאַחַת מֵאֶצְבְּעוֹתֵינוּ עֵינַי נְכַסֶּה.

To Finish Me Off

The man with the hat was sent to finish me off with his thin wife.
They're not in charge of my devastation.
They're the go-betweens. Like wind.

The man with the hat was sent to finish me off. With his thin wife.
We won't discuss details. Lying on the bed
we'll eat peanuts and other salty things.
We'll join arms
and with one of our fingers we'll shut my lids.

מֵעֹצֶם אַהֲבָתוֹ נֶעֱלַם הָאוֹהֵב

בְּהַסְמִיקוֹ הֶתַּךְ בַּשֶּׁמֶשׁ
כְּשֶׁהֶחְוִיר לְשֶׁלֶג צַח קָפָא
אִם אָנוּ לַשֶּׁמֶשׁ נִשַּׁק, הֲנוּכַל לְחַלֵּץ מִמֶּנָּה שְׂפָתָיו?
אִם בַּשֶּׁלֶג נִשְׁכַּב, הֲנַעֲלֶה מֵהַצִּנָּה חֹם גּוּפוֹ?
מֵעֹצֶם אַהֲבָתוֹ נֶעֱלַם הָאוֹהֵב
אוּלַי הִתְלַוָּה לְזָרִים בָּרְחוֹב, מְחַפֵּשׂ בָּהֶם הִשְׁתַּקְּפוּתֵנוּ שֶׁלָּנוּ
בְּרִבּוּיָם מְבַקֵּשׁ יְחִידוּתֵנוּ לִמְצֹא
מֵעֹצֶם אַהֲבָתוֹ נֶעֱלַם הָאוֹהֵב
וְאָנוּ מוּל הַהֶעְלֵם בִּגָדֵינוּ נִפְשֹׁט
לְמוּל הַהֶעְלֵם אֲהוּבִים נָחוּשׁ.

Out of So Much Love the Lover Vanished

Out of so much love the lover vanished
blushing he melted into the sun
when he grew pale he froze into pure snow
if we kiss the sun, can we snatch his lips back?
if we lay in the snow, can we take out the warmth from his body?
Out of so much love the lover vanished
maybe he was following strangers in the street, looking into them
for our reflection
looking in their multitude for our uniqueness
Out of so much love the lover vanished
and in front of his absence we take off our clothes
in front of his absence we feel loved.

פֶּלֶא

הַפֶּלֶא מֵת, אָמַר הַפָּקִיד.
הוּא מָחָה מִשְׁקָפָיו הַמְּכֻסִּים בְּאֵד.
יוֹתֵר מִכָּךְ לֹא הִגִּיד.
הַפֶּלֶא מֵת, אָמַר הַפָּקִיד.
אִישׁ עַפְעַף לֹא הֵנִיד
לֹא חָרַד.
לֹא שׂוֹחֲחוּ עַל הַמָּוֶת יוֹשְׁבֵי הַקְּרָנוֹת
בְּלָגְמָם תֵּה וְיַיִן סְבִיב שֻׁלְחָנוֹת.
הַמַּשְׁקֶה בְּכוֹסָם לֹא רָעַד.
הֵן דָּבָר לֹא אָמְרוּ גַּם כְּשֶׁהַפֶּלֶא נוֹלַד.

Wonder

The Wonder's dead, the clerk said.
He wiped his steam-covered glasses.
More than that wasn't said.
The Wonder's dead, the clerk said.
There was no one to lift an eyelid
or mourn.
The people sitting around tables
sipping tea and wine
didn't speak of his dying.
The drink in their cups didn't shake.
They also said nothing
when the Wonder was born.

פֶּלֶא

אֲנִי מְסַפֶּרֶת עַל פֶּלֶא. פֶּלֶא שֶׁלָּבַשׁ בִּגְדֵי חַי וְצוֹמֵחַ וְסֶלַע וְאִישׁ.
פֶּלֶא לְפִתְחִי נִצָּב.
פֶּלֶא מִפִּתְחִי לֹא יָמִישׁ.
פֶּלֶא לְפִתְחִי נִצָּב.
פֶּלֶא פִּתְחִי חוֹסֵם.
סָגֹר סְגַרְנוּ.
הוּא לִי הַפֶּלֶא
אֲנִי אֱהִי לוֹ לְאֵם.

גַּם כְּשֶׁיִּתַּם לִגְוֹעַ
גַּם עֵת לַפְּלָאוֹת יָבוֹא קֵץ
לֹא אָמוּת כִּי אֶחְיֶה.
אָנֹכִי הַקְּטַנָּה, הַנֶּחְבֵּאת, אִמּוֹ הַבִּלְתִּי־נִגְמֶרֶת אֶהְיֶה.
פֶּלֶא לְפֶתַע מִמֶּנִּי הֵנֵץ.
בִּקְרִיעָה, לִכְדֵי רֶגַע, בָּחַר מֶנִּי לִבְקֹעַ, עַד אֵלַי, כָּנוּעַ, כְּלֶעָפָר שָׁב.
וּבִי חַי קִבְרוֹ. נוֹקֵשׁ וּפוֹעֵם. עָצוּם וָרָב.
יִתְדַּפְּקוּ שׁוֹחֲרָיו עַל אֶבֶן דַּלְתִּי
יְבַקְשׁוּ בִּדְמוּתִי אֶת כְּתָבָיו.
לֹא יִמְצָאוּנוּ. גַּם פֶּלֶא גַּם אֵם
אֵין אִישׁ
חַי אוֹ מֵת, שֶׁיִּרְאֵם.

Wonder

I tell about wonder. Wonder who wore clothes of vegetation, rock and man.
Wonder stands at my opening.
Wonder will not move from my opening.
Wonder stands at my grave.
Wonder blocks my opening.
It is a wonder to me
I will be mother to it.

Also when it finishes dying
time for wonders will also come to an end
I will not die but live.
I the little one who hides, I will be its unending mother.
Wonder all of a sudden sprouted from me.
Crouching, for a moment, it chose to split from me, bent over, up to me, as if returning to dust.
And in me its grave is alive. It knocks and pounds. Great and many.
Those who get up early will knock on the stone of my door
they will seek in my image its writings.
They won't find us. Neither wonder nor mother.
There's no one
dead or alive, who will see them.

הַחוֹקֵר עַל הַדֶּלֶת מַקִּישׁ וּמַמְתִּין

הַחוֹקֵר עַל הַדֶּלֶת מַקִּישׁ וּמַמְתִּין.
הַדֶּלֶת אֵינֶנָּה נִפְתַּחַת.
הַחוֹקֵר מוֹדֵד אֶת מֶתַח הַדֶּלֶת
הַאִם הֶעְדֵּר מֵאֲחוֹרֶיהָ נִמְצָא, אוֹ פַּחַד.
שׁוּב הוּא מַקִּישׁ וּמְחַכֶּה. עֲדַיִן הַדֶּלֶת סְגוּרָה.
הַמַּד בְּיָדוֹ רוֹטֵט. אֵין הוּא מֵבִין מָה אֵרַע.
הוּא בַּדֶּלֶת מַכֶּה וּמַכֶּה.
וְנִגַּשׁ. עִם פָּנָס. עִם מַבְרֵג וּפְצִירָה.
שָׁח אֶל חֹר הַמַּנְעוּל. מְסוֹבֵב, מְנַקֶּה.
הַמַּנְעוּל כְּמַעְיָן מְפַכֶּה.
וְהַדֶּלֶת עֲדַיִן סְגוּרָה.
הַחוֹקֵר מְלַטֵּף הַיָּדִית. שׁוּב מַעֲדַנּוֹת נוֹקֵשׁ.
רַק לִבְדֹּק אֲנִי רוֹצֶה, הוּא אוֹמֵר, רַק לִבְדֹּק אֲנִי מְבַקֵּשׁ.
הַפְּצִירָה בְּיַד הַחוֹקֵר רוֹעֶדֶת. הַמַּבְרֵג בְּיָדוֹ מַרְטִיט.
מְקַפֵּץ גַּם, קָשׁוּר לְמִצְחוֹ, הַפָּנָס.
הִנֵּה הַדֶּלֶת נִפְתַּחַת.
הַחוֹקֵר אֵינוֹ נִכְנָס.

The Investigator at the Door Knocks and Waits

The investigator at the door knocks and waits.
The door doesn't open.
The investigator measures the pressure of the door:
whether there's absence behind it, or fear.
Again he knocks and waits. The door is still shut.
The measuring tape in his hand vibrates. He doesn't understand
what's happened.
He bangs and bangs at the door.
And approaches. With a flashlight. With a screwdriver and anvil.
Leans over the hole of the lock. Turns, cleans.
The lock is a bubbling well.
And the door is still closed.
The investigator caresses the knob. Again, knocks gently.
I only want to check, he says, I only want to check.
The anvil in the investigator's hand trembles. The screwdriver in
his hand vibrates.
The flashlight also jumps, close to his forehead.
Look, the door opens.
The investigator doesn't enter.

מָה עוֹשֶׂה מִי שֶׁלֹּא יוֹדֵעַ לָמוּת

מָה עוֹשֶׂה מִי שֶׁלֹּא יוֹדֵעַ לָמוּת וּבְבוֹא יוֹמוֹ נִשְׁאַר חַי
מַמְשִׁיךְ לִנְגֹּס בְּעוּגַת צִמּוּקִים בְּיָשְׁבוֹ עַל כִּסֵּא
לִקְרֹא
לִקְנוֹת בֵּיצִים וְלֶחֶם, לִצְבֹּט יֶרֶךְ אִשָּׁה
מְנַסֶּה לִלְמֹד שָׂפָה חֲדָשָׁה
הוֹרָיו, יְלָדָיו וּנְכָדָיו כְּבָר אֵינָם
הַתָּאִים בְּגוּפוֹ קָמְלוּ זֶה כְּבָר
אַךְ עוֹד עַל פֶּרֶק יָדוֹ מְסוֹבֵב הַשָּׁעוֹן כְּסִדְרָן הַשָּׁעוֹת
וְהוּא מַבִּיט בּוֹ וּמַתְחִיל לָרוּץ
פֶּן יִהְיֶה מְאֻחָר
מָה עוֹשֶׂה מִי שֶׁלֹּא יוֹדֵעַ לָמוּת וּבְבוֹא יוֹמוֹ נִשְׁאַר חַי
שֶׁבְּגוּפוֹ שָׁכְחוּ לְהַשְׁתִּיל סוֹד מוֹתוֹ בְּעֵת שֶׁנּוֹצַר
כְּשֶׁמֵּהָרְאִי שֶׁמּוּלוֹ נִפְרָדוֹת בְּזוֹ אַחַר זוֹ בָּבוּאוֹת
וְהוּא מִשְׁתַּהֶה לְנוֹפֵף לָהֶן יָדוֹ
מִתְעַכֵּב וּלְרֶגַע בּוֹהֶה, אַךְ אֵינוֹ נֶעֱצָר.

What Does a Person Do Who Doesn't Know How to Die

What does a person do who doesn't know how to die and when his
day comes stays alive
who continues to take a bite of raisin cake while seated on a chair
to read
buy eggs and bread, pinch a woman's thigh
who tries to learn a new language
his parents, children and grandchildren are already gone
the cells in his body withered a while ago
but on his wrist his watch still goes on turning as the hours do
and he looks at it and starts running
not to be late
what does a person do who doesn't know how to die and when his
day comes stays alive
in whose body they forgot to plant the secret of his death
at the moment he was created
whose reflections in the mirror facing him depart one by one
and he stays to wave to them
waits and for a moment looks, but doesn't stop.

מִי הָאִמָּא שֶׁלָּךְ? שָׁאֲלָה אוֹתִי אִמָּא

מִי הָאִמָּא שֶׁלָּךְ? שָׁאֲלָה אוֹתִי אִמָּא
וְשִׂכְחָתָהּ פְּרוּשָׂה בֵּינֵינוּ כְּשֻׁלְחַן אָרֹךְ
שֶׁבְּנֵי זוּג יְשׁוּבִים בִּקְצוֹתָיו וּמֶלַח מְשַׁיֵּט בֵּינֵיהֶם כִּסְפִינָה.
מִי הָאִמָּא שֶׁלָּךְ? שָׁאֲלָה אוֹתִי אִמָּא
וַאֲנִי, מִסְתּוֹבֶבֶת כְּלַפֶּיהָ לְאַט
הִצְבַּעְתִּי עָלֶיהָ בְּאֶצְבַּע קְטַנָּה
וּבְלַחַשׁ עָנִיתִי: אַתְּ.

Who is Your Mother? My Mother Asked Me

Who is your mother? my mother asked me
and her forgetfulness is spread out between us like a long table
at whose ends a couple is sitting and salt sails between them like
a boat.
Who is your mother? my mother asked me
and I, slowly turning towards her
pointed at her with a small finger
and whispering, answered: you.

פָּרַשְׂתִּי לְפָנַי אֶת שְׁמוֹת אֱלֹהַי

פָּרַשְׂתִּי לְפָנַי אֶת שְׁמוֹת אֱלֹהַי
עַל רִצְפַּת חַדְרֵי הַקְּרִירָה.
שֵׁם שֶׁקְּרָאתִיו בּוֹ כְּשֶׁרוּחוֹ נָפַח בִּי.
וְשֵׁם שֶׁקְּרָאתִיו בּוֹ בִּהְיוֹתִי נַעֲרָה.
שֵׁם שֶׁקְּרָאתִיו בּוֹ כְּשֶׁלְּאִישׁ נִמְסַרְתִּי.
וְשֵׁם כְּשֶׁלַּכֹּל שׁוּב אֲנִי מֻתָּרָה.
שֵׁם שֶׁקְּרָאתִיו בּוֹ כְּשֶׁהוֹרַי הָיוּ גַּג לִי. וְשֵׁם בְּאֵין לִי תִּקְרָה.
שֵׁם שֶׁקְּרָאתִיו בּוֹ לְמַעַן אִירָאֶנּוּ. וְשֵׁם בּוֹ קְרָאתִיו לְמַעַן לֹא אִירָא.
שֵׁם שֶׁקְּרָאתִיו בּוֹ לְמַעַן יִזְכְּרֵנִי. וְשֵׁם כְּדֵי שֶׁיִּמָּנַע מִזְכִּירָה.
כְּחֹם הַיּוֹם אֶשְׁתַּטֵּחַ אַפַּיִם
עַל רִצְפַּת חַדְרֵי הַקְּרִירָה.

I Spread Out God's Names in Front of Me

I spread out God's names in front of me
on the floor of my chilly room.
The name by which I called him when his spirit breathed in me.
And the name by which I called him when I was a young girl.
The name by which I called him when I was given to a man.
And the name when I was again permitted to all.
The name by which I called him when my parents were a roof to
me. And the name when I had no ceiling.
The name by which I called him so that I would fear him. And the
name by which I called him so that I would not be afraid.
The name by which I called him so that he would remember me.
And the name so that he would refrain from remembering.
In the heat of day I will prostate myself
on the floor of my chilly room.

לֹא הִתְרַגַּלְנוּ לָמוּת

לֹא הִתְרַגַּלְנוּ לָמוּת, אַף שֶׁמּוֹתֵנוּ, כְּבַעַל זָקֵן
שׁוֹכֵב צָמוּד אֵלֵינוּ וּזְרוֹעוֹ, הַכְּמוֹ רְדוּמָה
בְּרִשּׁוּל אֶת עֲבִי מָתְנֵנוּ חוֹבֶקֶת
וּבְהַפְנוֹתֵנוּ גַּב יִשְׁאַל דְּבַר־מַה
וּתְחִלָּה נַעֲנֶה בְּהִמְהוּם וּפִהוּק
עַד שֶׁנִּלָּפֵת עִמּוֹ בַּחֶמְדָּה הַשּׁוֹקֶקֶת
וְהוּא יִתְנַשֵּׁף כְּקוֹרֵא אֱלֵי קְרַב
וְעֶצֶם אֶל עֶצֶם תִּרְעַשׁ וְתִקְרַב
עַד שֶׁתִּצְנַח שׁוֹתֶקֶת.

We Didn't Get Used to Dying

We didn't get used to dying, though our death, like an old husband
lies close to us and his arm, as if asleep
carelessly hugs the thickness of our hip
and as we turn our back he asks something
and at first is answered with a hum and a yawn
until we are entwined with him in the desired pleasure
and he breathes heavily like one calling for war
and bone against bone comes close making noise
till falling down in silence.

תּוֹלְדוֹת חַיַּי מְעַיְנוֹת בִּי

א

תּוֹלְדוֹת חַיַּי מְעַיְנוֹת בִּי, שֶׁיֵּדְעוּ אָנָה לִפְנוֹת.
אַתְּ יַלְדָּה, הֵם אוֹמְרִים, וּזְקֵנָה. אַתְּ נִרְחֶבֶת, הֵם אוֹמְרִים, וּקְטַנָּה.
הַאִם שְׁאֵלָה כָּאן יַצִּיגוּ וְשׁוּמָה עָלַי לַעֲנוֹת?

אָז אֵינֶנִּי עוֹנָה.
שָׂפָה עִקֶּשֶׁת לִפְנֵיהֶן מִשְׂתָּרֶכֶת, רוֹקַעַת רֶגֶל, מְטִיחָה בַּיָּד.
תּוֹלְדוֹת חַיַּי — אֲנִי עֲלֵיהֶן פּוֹקֶדֶת — בִּפְנֵי עַצְמִי אֲנִי עוֹמֶדֶת
וְאֶתְכֶן אֲשַׁלֵּחַ, לְכוּ לְבַד.

ב

הָלְכוּ תּוֹלְדוֹתַי. בִּלְעֲדֵיהֶן נוֹתַרְתִּי, מְצֻנֶּפֶת בָּרוּחַ.
אַךְ הִנֵּה קְרֵבִים אִישׁ וְאִשָּׁה מִתּוֹלְדוֹת מִישֶׁהוּ אַחֵר
וּמִצְּרוֹר שֶׁעִמָּם מַצִּיעִים לִי תַּפּוּחַ.

My Life History Scrutinizes Me

1

My life history scrutinizes me, to know where to turn.
You're a little girl, it says, and an old woman, you're expansive, it
says, and small.
Does it present a question here, and am I obligated to answer?

So I don't answer.
Stubborn, I pout in front of it, stamp my foot, dismiss it with my
hand.
My life history—I instruct it—I am accountable to myself
and I'll cast you out, you go alone.

2

My history went. I remained without it, cradled by the wind.
But here a man and woman approach from someone else's history
and offer me an apple from their bundle.

אִישׁ יְהוּדִי, אָמַרְתִּי

אִישׁ יְהוּדִי, אָמַרְתִּי, קַח אוֹתִי לְאִשָּׁה.
כָּמוֹךְ אֲנִי חֲזָקָה בִּלְשׁוֹנִי
וּבְגוּפִי חֲלוּשָׁה.
כָּמוֹךְ אֲנִי סִפּוּר שֶׁבְּחַדְרֵי־חֲדָרִים רַק זְקֵנִים אוֹתוֹ סִפְּרוּ בִּלְחִישָׁה.
בּוֹא, אִישׁ יְהוּדִי, אָמַרְתִּי.
צְנִיעוּת יֵשׁ בִּי, אַךְ אֵין בִּי בּוּשָׁה.
כִּשְׁתֵּי אוֹתִיּוֹת שֶׁלְּעִתִּים מִלָּה מוֹלִידוֹת
וּלְעִתִּים מוֹלִידוֹת צֵרוּף לְלֹא־פֵּשֶׁר
נִצָּמֵד זֶה לַזּוֹ בְּשָׂדֶה, בְּמִטְבַּח, בִּרְחוֹב, בְּמִדְבָּר, בְּחֻרְשָׁה.
נִהְיֶה שְׁנֵינוּ אֲשֶׁר נִהְיֶה וּבַאֲשֶׁר נִהְיֶה לֹא יֵאָמֵן שֶׁהָיִינוּ
וּכְמוֹ מֵעוֹלָם לֹא הָיִינוּ
כָּאן וְעַכְשָׁו
דָּא וְהָא, אִישׁ וְאִשָּׁה.

Jewish Man, I Said

Jewish man, I said, take me for a wife.
Like you I am strong of tongue
and weak of body.
Like you I am a story that only old men tell, whispering in inner
rooms.
Come, Jewish man, I said.
There is modesty in me, but I have no shame.
Like two letters which sometimes give birth to a word
and sometimes give birth to an inexplicable combination
we will be attached one to the other in a field, in a kitchen, on a
street, in a desert, in a grove.
The two of us will be whatever we will be
and whatever we will be, it won't be believed that we were
and just like we never were
here and now
this and that, man and woman.

שְׁלוֹשָׁה מְסֻבִּים אֶל שֻׁלְחַן הָרַב

שְׁלוֹשָׁה מְסֻבִּים אֶל שֻׁלְחַן הָרַב
תִּינוֹק וּזְקֵנָה וְיָשִׁישׁ.
אֵין כָּל סֵפֶר עַל הַשֻּׁלְחָן. תִּקְרֹבֶת אֵין אִישׁ מַגִּישׁ.
לֹא לְלַמְּדָם מְבַקֵּשׁ הָרַב. לֹא בְּתֵה אוֹ בְּיָ״שׁ אוֹתָם לְהַשְׁקוֹת.
הוּא הִזְמִינָם הֲלוֹם
כְּדֵי לִפְנֵיהֶם לִבְכּוֹת.

Three Sit Down at the Rabbi's Table

Three sit down to the rabbi's table:
a baby, an old lady, and an elderly man.
There's no book on the table.
And refreshments no one brings.
The rabbi doesn't seek to teach them.
Nor give them tea or schnaps to drink.
He's invited them here
to sit before them and weep.

חֲצוֹת, אֵצֶל דֶּלֶת הָרַב

חֲצוֹת. אֵצֶל דֶּלֶת הָרַב
מְצוֹתֵת בִּדְרִיכוּת הַבּוֹרֵא
לֵידַע
בְּאֵיזֶה שֵׁם מִשְּׁמוֹתָיו הוּא הַלַּיְלָה קוֹרֵא.

Midnight, at the Rabbi's Door

Midnight, at the rabbi's door
the Creator listens intently
to know
by which of his names he'll be called tonight.

הַסַּגִּי־נְהוֹר חוֹלֵם רַק בְּעֵינַיִם פְּקוּחוֹת

הַסַּגִּי־נְהוֹר שׁוֹכֵב פְּרַקְדָּן. הוּא חוֹלֵם רַק כְּשֶׁעֵינָיו פְּקוּחוֹת.
בַּחֲלוֹמָיו בִּיכָלְתּוֹ לְמַשֵּׁשׁ אֶת הַצֶּבַע.
אֶת הַמֶּרְחָק לִגְמֹעַ בְּכֹחַ הַדֹּפֶק.
וְלִפְגֹּשׁ, כְּפָגְשׁוֹ בְּגוּפוֹ שֶׁלּוֹ, אֶת הָאֹפֶק.

The Blind Man Only Dreams with Eyes Open

The blind man lies supine. He dreams only when his eyes are open.
In his dreams he is able to feel the color.
To swallow up the distance with the strength of his pulse.
And as if encountering his own body, to encounter the horizon.

וְלַיְבִּישׁ, הַדּוֹד שֶׁל אִמָּא, שֶׁרָץ עָטוּף בְּטַלִּית

וְלַיְבִּישׁ, הַדּוֹד שֶׁל אִמָּא, שֶׁרָץ עָטוּף בְּטַלִּית וְצָעַק 'גְּאֲלָה!'
וְנוֹרָה
מִתְבּוֹנֵן בְּעֵינֵי יוֹשֵׁב תְּהִלּוֹת גָּדוֹל גִּבּוֹר וְנוֹרָא.

And Leibish, Mother's Uncle, Who Ran Wrapped in a Tallit

And Leibish, my mother's uncle, who ran wrapped in a *tallit* and
yelled "Redemption!"
and was shot
gazes into the eyes of the praised one great mighty and awesome.

וּבְכָל הָעֵת הַזֹּאת צוֹפֶה בָּנוּ אֵי־מִי מִן הַגְּבָעוֹת

וּבְכָל הָעֵת הַזֹּאת צוֹפֶה בָּנוּ אֵי־מִי מִן הַגְּבָעוֹת
קוֹלוֹ לֹא יִשָּׁמַע, אֲבָל שְׂפָתָיו נָעוֹת
וְלֹא נֵדַע אִם אָר הוּא, אוֹ שֶׁמָּא מְבָרֵךְ
וּבִרְאוֹתִי אוֹתוֹ
כְּמוֹ תִּקְתּוּק שָׁעוֹן, פּוֹעֵם בִּי הַדֹּפֶק בַּיָּרֵךְ.

During This Entire Period Someone Looks at Us from the Hills

And during this entire period someone looks at us from the hills
his voice is not heard, but his lips move
and we do not know if he is cursing, or if he is blessing
and when I see him
like the ticking of a clock, the pulse beats in my thigh.

זִקְנֵי הָעֵדָה נִצָּבִים עַל סִפֵּנוּ

זִקְנֵי הָעֵדָה נִצָּבִים עַל סִפֵּנוּ וְאוֹמְרִים: הִנֵּה יָמִים בָּאִים.
הֵם, הַבָּאִים בְּיָמִים, יוֹדְעִים אֶת אָמְרָם. אָכֵן בָּאִים הַיָּמִים.
הִנֵּה הַיָּמִים מְהַלְּכִים וְהֵם בָּאִים בַּהֲמוֹנָם לִקְרָאתֵנוּ
וּמַרְאָם כִּימֵי חַיֵּינוּ הַקְּצָרִים וּמַרְאָם כְּאֵינְסְפוֹר יְמֵי מוֹתֵנוּ
וּמַרְאֵה הַיָּמִים כְּמַרְאֵה גַּעְגּוּעֵינוּ הַנּוֹאָשִׁים
וּמַרְאֵה הַיָּמִים כְּחָכְמַת וּכְבִלְבּוּל זִקְנָתֵנוּ וְיַנְקוּתֵנוּ
וּמַרְאֵה הַיָּמִים כָּאַהֲבָה שֶׁאָהַבְנוּ וּמַרְאֵה הַיָּמִים כְּאֵימַת יִרְאָתֵנוּ.

וְשָׁם יוֹם שֶׁנִּבְדָּל מִכֻּלָּם
שֶׁאֵינוֹ מִצְטָרֵף אוֹ נִמְנֶה בִּקְהָלָם
וְהוּא מִתְרַחֵק וְהוּא נֶעֱלָם —
וְהוּא שֶׁיִּרְשֹׁם עִם תֹּם הַזְּמַנִּים אֶת כָּל תּוֹלְדוֹתֵינוּ.

The Community Elders Stand at Our Doorstep

The community elders stand at our doorstep saying: Lo, days are coming.
They, who have come of age, know what they say. Indeed, the days are coming.
Lo, the days are walking, and they are coming in their herds towards us
and they look like our short lives and they look like the infinite days of our dying
and the look of the days is like the look of our desperate yearning
and the look of the days is like the wisdom and confusion of our aging and our infancy
and the look of the days is like love that we loved and the look of the days is like the dread of our fear.

And there is a day distinguished from them all
that isn't joined or counted in their gathering
and it moves away and hides—
and it is the one that will record our history at the end of time.

וַעֲדַיִן שָׁם הַמָּאן־דְּהוּ צוֹפֶה בָּנוּ מִן הַגְּבָעוֹת

וַעֲדַיִן שָׁם הַמָּאן־דְּהוּ צוֹפֶה בָּנוּ מִן הַגְּבָעוֹת
וְעוֹד קוֹלוֹ לֹא יִישָּׁמַע, אֲבָל שְׂפָתָיו אָכֵן נָעוֹת.
וְלֹא נֵדַע אִם שָׁם, עַל מִשְׁמַרְתּוֹ, נִרְדָּם, אוֹ אִם עוֹדֶנּוּ עֵר
וְאֵין סִימָן וְאֵין גַּם אוֹת — וְלֹא שׁוּם רֶמֶז לַבָּאוֹת
אִם הוּא מַרְגּוֹעַ יַנְחִילֵנוּ — אוֹ שֶׁיִּזְעַם
וּמֵחֲרוֹנוֹ הַמַּר כֻּלָּנוּ נִתְנַעֵר —

אֶל זֶה הַמָּאן־דְּהוּ בְּלִטּוּף
אֲנִי שׁוֹלַחַת אֶצְבָּעוֹת
וּכְכַלִיא־בָּרָק מוֹשֶׁכֶת —

הִנֵּה רַק הֵד שָׁקוּף נִמְשָׁךְ וּבָא מִן הַגְּבָעוֹת.

And Still That Someone Looks at Us from the Hills

And still that someone looks at us from the hills.
And still his voice is not heard, but his lips indeed move.
And we do not know if there, on his guard, he's fallen asleep, or if
he's still awake
and there is no sign and no signal—and no clue to what is coming
if he will make us inherit serenity—or if he will anger
and from his bitter anger we will all be shaken—

to that someone I send
caressing fingers
and as a lightning rod I pull—

what is pulled is only a transparent echo coming from the hills.

הַשִּׁירִים כָּאן הֵם עַל מִשְׁפַּחְתֵּנוּ

הַשִּׁירִים כָּאן הֵם עַל מִשְׁפַּחְתֵּנוּ, הִיא, שֶׁאֵין יוֹדֵעַ גְּבוּלֶיהָ
עַל זֶה הַשֵּׁבֶט שֶׁלָּנוּ, הַקָּטָן, הַנִּרְחָב
הַשֵּׁבֶט שֶׁלָּנוּ, שֶׁכְּמוֹ חוֹל אֵין מָוֶת שׁוֹלֵט בּוֹ
וְשֶׁלְּאַחַר מוֹתוֹ נוֹצֵץ, כְּמוֹ כּוֹכָב.
הִנֵּה בֵּינֵינוּ יוֹסֵף הָעֵירֹם מִכֻּתֹּנֶת. הִנֵּה גַּם אֶחָיו.
וְהַבּוֹר הַמְקֻפָּל שֶׁנִּשָּׂא עַל גַּבּוֹ שֶׁל יוֹסֵף. וְהָאִשָּׁה הַמְּגֻעְגַּעַת שֶׁאִתָּהּ לֹא שָׁכַב.
גַּם עָלַי כְּתוּבִים הַשִּׁירִים שֶׁנִּרְשְׁמוּ כָּאן. עָלַי, שֶׁאֵין יוֹדֵעַ מִנַּיִן בָּאתִי
וְאֵין גַּם יוֹדֵעַ לְאָן שֶׁאֵלֵךְ.
וְעַל אֱלֹהֵינוּ שֶׁלָּנוּ, הַמִּתְגַּלֶּה וּמִתְחַבֵּא, כְּדֵי לְהַעֲלִים שֶׁעוֹדֶנּוּ מוֹלֵךְ.
וְעַל הַבֶּטֶן. הִיא, הָעֲגַלְגֶּלֶת, שֶׁכֻּלָּהּ חֶמְדָּה.
הַבֶּטֶן הַזֹּאת, שֶׁהָאָרֶץ עַצְמָהּ בָּהּ מִסְתַּכֶּלֶת
לַחְקֹר עוֹנוֹתֶיהָ
לָדַעַת סוֹדָהּ.
וְעַל הַפַּחַד שֶׁלָּנוּ, זֶה שֶׁבֶּחָצֵר מִתְגּוֹרֵר, כִּכְלַבְלַב נֶאֱמָן, צוֹהֵל וְנוֹבֵחַ
לוֹ רַק מֵאֲחוֹרֵי אָזְנוֹ נְגָרֵד, עַל גַּבּוֹ מִתְפַּנֵּק יִשְׁתַּטֵּחַ.
גַּם עַל הַכְּאֵב הַנּוֹרָא, שֶׁאֵינֶנּוּ פּוֹסֵק.
וְעַל הַשַּׁעַר שֶׁאֵין לוֹ פּוֹתֵחַ.
עַל הַגּוּף הַזֶּה הַמִּתְכַּסֶּה בְּסָדִין, עִתִּים מִתּוֹךְ חֶסֶד, עִתִּים מִתּוֹךְ דִּין.

The Poems Here Are About Our Family

The poems here are about our family, the one whose borders are unknown
about our tribe, small, expanded
our tribe, which like sand, death does not govern
and which, after its death, shines like a star.
Here among us is Joseph stripped of his coat. Here are his brothers, too.
And the folded pit which was carried on Joseph's back. And the yearnful woman with whom he never slept.
The poems inscribed here are also written about me. Me, about whom no one knows from where I came
and no one knows to where I'll go.
And about our God, who reveals himself and hides, in order to conceal that he still reigns.
And about the belly, round, which is all pleasantness
this belly, which the land itself looks into
to research its seasons
to know its secret.
And about our fear which lives in the yard as a loyal little dog joyful and barking,
if only we'd scratch behind its ear, it would lie down indulgent.
Also about the terrible pain that does not cease.
And about the gate which has no one to open it
about this body which covers itself with a sheet, sometimes out of grace, sometimes out of doom.

וּבַחֶדֶר הַפְּנִימִי אָנוּ שׁוֹמְרִים אֶת כֹּבֶד הַפֶּה

וּבַחֶדֶר הַפְּנִימִי אָנוּ שׁוֹמְרִים אֶת כֹּבֶד הַפֶּה שֶׁל מֹשֶׁה
אֶת עֵינָיו הַקֵּהוֹת שֶׁל יִצְחָק, אֶת רַגְלוֹ הַנִּגְרֶרֶת שֶׁל יַעֲקֹב.
וּבְהִתְרַגֵּשׁ מִלְחָמָה עָלֵינוּ, לַחֶדֶר הַפְּנִימִי נִכָּנֵס
לְהַבִּיט בָּהֶם מִקָּרוֹב.
כִּי כָּל אֲשֶׁר יוֹצֵא אֶל הַקְּרָב, רַק בְּאֵלֶּה עַצְמוֹ יַעֲטֹף.

And in the Inner Room We Guard the Heaviness of the Mouth

And in the inner room we guard Moses' heavy mouth
Isaac's weak eyes, Jacob's dragged leg.
And when war comes upon us, into the inner room we enter
to watch them from up close.
For each one who goes out to battle, only with these will he wrap
 himself.

יוֹם אֶחָד תַּעֲזֹב אוֹתָנוּ הַתּוֹרָה לָלֶכֶת הָלְאָה

יוֹם אֶחָד תַּעֲזֹב אוֹתָנוּ הַתּוֹרָה לָלֶכֶת הָלְאָה
וְאָנוּ, הַמֻּרְגָּלִים שֶׁהִיא לָנוּ כְּגוּפֵנוּ הַפְּרָטִי וּכְנוֹף
שֶׁגַּם בִּפְנוֹתָהּ מֵאִתָּנוּ, הִיא שָׁבָה תָּמִיד וְחוֹזֶרֶת אֵלֵינוּ
רָצוֹא וָשׁוֹב —
כְּמוֹ אֶחָד מֵהוֹרֵינוּ הָיְתָה, אוֹ יֶלֶד יוֹצֵא יְרֵכֵנוּ —
לֹא נֵדַע פִּתְאוֹם אִם לַחְדֹּל
אִם לִרְדֹּף
לֹא נֵדַע אִם אֵבֶר מֵאֲבָרֵינוּ נִטַּל, הָרֵאָה, לְמָשָׁל, אוֹ הַדָּם, אוֹ הַלֵּב
הָאוֹר הַגָּנוּז, הָאוֹר הַיָּשָׁר, הָאוֹר הַמַּקִּיף
אוֹ הָאוֹר הַסּוֹבֵב
וְאוּלַי הִיא רַק בֶּגֶד יַלְדוּת שֶׁמֵּאִתָּנוּ הֻפְשַׁט
כְּמוֹ כֻּתֹּנֶת שֶׁבִּגְדִילָתוֹ הַיֶּלֶד מַחְלִיף —
וְאוּלַי אֵין זוֹ כֻּתֹּנֶת כְּלָל, כִּי אִם דַּוְקָא רְעָלָה, אוֹ צָעִיף
אוֹ פַּרְגּוֹד שֶׁמּוּסָר
אוֹ עֲלֵה הַתְּאֵנָה הַקָּדוּם, שֶׁמִּדּוֹר רִאשׁוֹן לְאַחֲרוֹן כָּךְ נִמְסַר
אוֹ הַזִּכָּרוֹן עַצְמוֹ, שֶׁלִּפְנֵי כָּל הַזְּמַנִּים נוֹלַד
וְנָע בֵּין הָרוּחַ לְבֵין הַבָּשָׂר.

כָּךְ, יוֹם אֶחָד, בְּלִי הַתּוֹרָה נִשָּׁאֵר.
וְאִישׁ בָּנוּ לֹא יֵדַע אִם עוֹדֶנּוּ חַי.
וְזֶה בְּעֵינֵי זֶה נִתְבּוֹנֵן לְבַקֵּשׁ סִינַי.

One Day the Torah Will Leave Us to Go Forward

One day the Torah will leave us to go forward
and we, used to feeling that she's like our own body
like a landscape
that even when she turns away she keeps returning
coming and going—
as if she were one of our parents, or a child emerging from our
loins—
suddenly we won't know whether to cease
or to chase
we won't know if one of our organs has been taken, the lung, for
example, or the blood, or the heart
the hidden light, the direct light, the encompassing light
or *the surrounding light*
and maybe she was only a childhood garment taken off
like a shirt that a growing child changes—
and maybe it wasn't a garment at all, but a veil, a scarf
a curtain removed
the ancient fig leaf, passed from the first to last generation
or the very memory that was born before time
and keeps moving between spirit and flesh.

So, one day, without the Torah we will remain.
And no man among us will know if he's still alive.
And each into the other's eye will stare in search of Sinai.

כָּל מַה שֶּׁהָיָה בָּשָׂר מִבְּשָׂרֵךְ, אוֹמֵר יוֹנָתָן

כָּל מַה שֶּׁהָיָה בָּשָׂר מִבְּשָׂרֵךְ, אוֹמֵר יוֹנָתָן
סוֹפוֹ לְנִשֹּׁר מִמֵּךְ כִּקְלִפָּה —
לְהִנָּתֵק וְלִנְשֹׁר, כִּקְרוּם שֶׁל בְּתוּלִין, כְּגֶלֶד שֶׁל פֶּצַע
כְּמוֹ נֶשֶׁל נָחָשׁ.
כָּל פְּנִים מִתְקַלֵּף, אוֹמֵר יוֹנָתָן, הוֹפֵךְ לִהְיוֹת חוּץ
שֶׁמָּקוֹם יִתְפַּנֶּה, הוּא אוֹמֵר, לִפְנִים חָדָשׁ.
יֶלֶד מִתְקַלֵּף לִהְיוֹת נַעַר. זָחַל לִהְיוֹת גֹּלֶם. הַגֹּלֶם יִהְיֶה עָשׁ.
גַּם אֲנִי, שֶׁבְּתוֹכֵךְ מִתְנוֹעֵעַ
אֶנְשֹׁר וְאֶפֹּל.
כְּמוֹ קְרוּם עַתִּיק, לְאִטִּי אֶצְטַמֵּק וְאִיבַשׁ.
אַךְ לֹא אֶשְׁכָּחֵךְ. אֶתְגַּנֵּב, אֶתְחַפֵּשׂ, אֱהֶיֶה בַּאֲרוֹנֵךְ
כּוֹבַע, מְעִיל
אוֹ סִכָּה שֶׁל פְּנִינִים
שֶׁתּוּכְלִי לַעֲנֹד עַל הַדַּשׁ.

Everything that Was Flesh of Your Flesh, Says Jonathan

Everything that was flesh of your flesh, says Jonathan
is about to drop off you, like a shell—
detach and come off, like a hymen,
like the scab of a wound
like snakeskin.
Every inside is peeling off, says Jonathan, becoming outside
to make space for a new inside.
Boy peels off to become youth. Caterpillar to become cocoon.
The cocoon will be a moth.
Even I, who is moving inside you
will drop off and fall.
Like ancient skin, slowly I will wither and dry up.
But I won't forget you. I'll sneak in, in disguise, I'll become a hat
in your closet, a coat
a pearl brooch
that you'll be able to pin on your lapel.

הָעֻבָּר שֶׁל חַיָּה

הָעֻבָּר שֶׁל חַיָּה, הָאָחוֹת שֶׁל אִמָּא
מֵת לִפְנֵי שֶׁנּוֹלַד.
כְּשֶׁמֵּתָה, בַּשּׁוּק הָיְתָה שׁוֹכֶבֶת – וְהוּא בְּתוֹכָהּ עוֹד בָּעֵט.
הַאִם בְּמֵעֶיהָ הַנְּמוּגִים בֵּן נָשְׂאָה, אִם בַּת?
וְהִנֵּה אָנֹכִי, הַקְּטַנָּה בְּאַלְפִי, כָּאן, לְבַד
בק"ק צִיּוֹן שֶׁבְּנוּיָה עַל חוּט הַשַּׂעֲרָה
וּבַשָּׁעָה הַזּוֹ הַמְּדֻיֶּקֶת, שֶׁבֵּין אַחֲרֵי לִכְמְעַט
בְּכַפּוֹתַי מְכַסָּה הַמַּרְאוֹת, לְהַדְלִיק נֵרוֹת שֶׁל שַׁבָּת.

Chaya's Unborn Child

The unborn child of Chaya, my mother's sister,
died before it was born.
As she lay dead in the marketplace—her inside was still kicking.
Did she bear a son in her fading entrails, or was it a daughter?
And here I am, the smallest of my tribe, all alone
in the holy city of Zion built on a hairsbreadth
and at this exact hour, just between afterwards and almost
I cover the sights with my palms to light the Sabbath candles.

וְשָׁלוֹם, הַבַּעַל שֶׁל חַיָּה

וְשָׁלוֹם, הַבַּעַל שֶׁל חַיָּה, אוֹתָהּ חִפֵּשׂ —
אַךְ אִמָּא מֵאֲחוֹרֵי גַּבָּהּ הִסְתִּירָה אֶת הַגּוּף, שֶׁעַל הָאָרֶץ הָיָה שָׂרוּעַ
דּוֹמֵם וּמְעֻבָּר.
וְשָׁלוֹם, בִּלְתִּי־מוּדָע לְשִׁכּוּלוֹ, הִמְשִׁיךְ לְחַפְּשָׂהּ, הָלְאָה עָבַר.
וְאֶפְרוֹ שֶׁלּוֹ, בְּעוֹדוֹ מְחַפֵּשׂ, בְּתוֹךְ אֵפֶר יֶתֶר אֶחָיו פֻּזַּר.
וְהָאִישׁ מֹשֶׁה
שֶׁהָיָה בְּדַרְכּוֹ לִמְסֹר מִלְּמַטָּה לְמַעְלָה לוּחַ חָדָשׁ שֶׁל הַבְּרִית
אֶת הַלּוּחַ מִיָּדוֹ הִפִּיל וְשָׁבַר.

And Shalom, Chaya's Husband

And Shalom, the husband of Chaya, was searching for her—
but my mother hid the body that was lying on the ground,
still and with child.
And Shalom, unaware of his loss, continued to search for her,
passing on.
And his own ashes, while still looking, scattered among the ashes
of the rest of his brethren.
And Moses
on his way up there from down here to deliver a new tablet of the
covenant
threw the tablet from his hand and broke it.

סַפְּרִי לִי, בְּקָשָׁה סַבְתָּא

סַפְּרִי לִי, בְּקָשָׁה סַבְתָּא.
וַאֲנִי הִזְכַּרְתִּי לָהּ אֵיךְ שָׁם, בַּחֶדֶר הַמְצוּפָּף, נִסְּתָה לִנְשֹׁם
וְלֹא זָכְרָה אֵיךְ.
שֶׁהָאֲוִיר שָׁם כִּנְצִיב מֶלַח הָיָה, קָפוּא
מִן הָרֵאוֹת לֹא הָיָה יוֹצֵא — וַאֲלֵיהֶן לֹא הוֹלֵךְ.
עוֹד סִפַּרְתִּי לָהּ אֵיךְ חָרְטוּ שָׁם צִפָּרְנֶיהָ דָּבָר עַל הַקִּיר
בְּלֹא שֶׁתֵּדַע מָה.
וַאֲנִי, בְּבוֹאִי לְקָרְאוֹ, מָצָאתִי כָּתוּב: 'שְׁמַע'.
וְהָ'עַיִן', הָאַחֲרוֹנָה בִּשְׁלֹשׁ הָאוֹתִיּוֹת, הָיְתָה לְמֶחֱצָה עֲצוּמָה.

Tell Me, Grandma Asked

Tell me, Grandma asked.
And I reminded her how, in the densely packed room, she tried to breathe
and couldn't remember how.
How the air there was like a pillar of salt, all frozen
it wouldn't go out from the lungs—and wouldn't go into them.
I also told her how her fingernails etched something there on the wall
without knowing what.
And I, when I came to read it, found written: "*Sh'ma.*"
And the "*ayin,*" the eye, last of the three letters, was half-shut.

אִשָּׁה עֲגַלְגֶּלֶת קִמְעָה, אֲפֹרַת־שֵׂעָר

אִשָּׁה עֲגַלְגֶּלֶת קִמְעָה, אֲפֹרַת־שֵׂעָר, שֶׁהִיא אֲנִי —
בָּרְחוֹב שֶׁבּוֹ חֲנֻיּוֹת וְרוֹכְלִים, כְּשֶׁתִּיק מֵרְקָם עַל שִׁכְמָהּ
צוֹעֶדֶת —
לְפֶתַע נִצְמֶתֶת, בַּמָּקוֹם נֶעֱמֶדֶת — אִם לֹא הָיְתָה מְגֻשֶּׁמֶת
וּקְצָת בַּיְשָׁנִית
הָיְתָה שִׂמְלוֹתֶיהָ מְנִיפָה עַכְשָׁו וּמְרַקֶּדֶת
כִּי שׁוּב נִפְקְחָה תַּחַת רַגְלֶיהָ, הַמִּלָּה שֶׁמִּשֶּׁכְּבָר דָּהֲתָה מֵהֶרְגֵּל
'מוֹלֶדֶת'.

A slightly Round Woman, with Gray Hair

A slightly round woman, gray-haired, who is me—
on a street where there are stores and salespeople, with an
    embroidered bag on her
shoulder
strides—
suddenly stunned, stands in place—
if she were not clumsy
and a bit shy
she'd wave her dresses now and dance
for again it opened under her legs, the word which long ago was
    worn out from use
'homeland.'

Notes

In Hebrew, there are no capital letters. I have translated God's name with a capital letter; however I decided not to capitalize the pronouns referring to God in most of the poems because of the intimacy with which he is held close and spoken of. In "Shut" I capitalized the "Your" in order to make clear that this is a religious poem addressing God.

Elul—the sixth month of the Jewish calendar which occurs in early fall before the High Holy Days; considered a time of preparation for atonement.

Opening, in "Wonder" also means door, grave.

The Poem Knows

Excerpts from an Interview with Rivka Miriam

LZ—Was your childhood happy?

R—(laughing) Yes, I had a very happy childhood. I think every childhood of every child is a mythological world: because father, mother, neighbors, the animals, flowers—everything is something big, infinite in strength…we're sitting here, there's an order and a kind of limitation as if each thing is in its drawer—when you're a child things aren't like that, you don't yet know the world…who is that man walking, everything is a story of the big people and you're small…You see the legs of older people moving from under the table, it's fragments and from fragments you build a picture, not whole, like a legend, so a child sees the world like magic…

LZ—I've heard stories about the house of your childhood, a house full of people, always welcoming writers, artists, young, old, from here and abroad—is that part of the mythology?

R—No that's something else, what I'm talking about—look, my story—I had no grandmother or grandfather, no cousins, there was a holocaust and I knew everyone was killed and now we're in Israel, we aren't just Family Rochman but part of a bigger story with a meaning that's very powerful. What's mythology, what's myth? It's a story about the connection between God and man, or where divinity is present in the story; but today to feel it's mythology you have to feel there's something big in the world and many times I feel we're afraid of big things, we destroy them…it's like the difference between literature and journalism, you read something in the newspaper, it upsets you, it's interesting, it's gossip, but you read literature, you feel something infinite…that's part of my difficulty here now in Israel, the de-mythologizing of the world, the demythologizing of love…just look at a fruit, it calls to the bee, a bee wants another flower, there's a power to these large forces that can't be diminished. People have a kind of sadness, apathy—they can't look at things from out of love.

LZ—You still write from wonder, pain—

R—Yes. There's a lot of pain, but the pain doesn't say it's all for no reason, or it's not practical. I don't look at the world from an academic or journalistic point of view.

LZ—What about being both a poet and a public person, do you feel any conflict between those two things?

R—Sometimes I feel I'm not capable of talking about the poems, they are smarter than I am, they come from a deeper place, as if the poems aren't mine, or I am not worthy, my book is smarter than I am. Even more than that, I can say foolish things about the poems but the book says something whole…the poem that found me passes through me but it knows more than I do alone. And if your poem says something more beautiful, it knows more than you do—because the poem knows.

LZ—Is there a connection between your politics and your poetry?

R—The poems don't connect to that, not that I know of—

LZ—Do you use poetry to try to change things?

R—I never *use* poetry. Sometimes what I write is optimistic, sometimes not...of course I have political thoughts. I started writing articles for the paper. In *Mekor Rishon* I wrote several articles on the *hitnatkut* [disengagement]. That was a time that killed me inside. Most of my friends aren't in the same place politically that I am. I don't think I've recovered from that time. I was sick. Then there was the war...Yaali [her son] was in it, David's [Grossman] son was killed...

LZ—Do these things enter your work?

R—Yes in some way, but not directly. In some place it connects to my work...

What does appear in my poems is that I gave birth to Avigail. The pregnancy and birth appear directly and also my mother's loss of memory.

LZ—Do your children appear?

R—No. Just giving birth. I don't want to complicate them in it...I want to guard them, I don't have permission to tie them in, I can take my parents, that's something permitted to me, and I do it with love—

LZ—What about the *Shoah* [Holocaust]? We've spoken about that a lot.

R—Clearly without the consciousness of the Holocaust I wouldn't be who I am...I wouldn't be whole...I feel that I was born inside the *tohu and vohu* [chaos] within the Shoah, also that I was born before that, but I was destroyed in it. And everything in my life today I refer to the awful absurdity and the pain and the madness. As though suddenly everything you know you can lose, everything that you felt was familiar you lose, everything, so that you can trust nothing to stay with you.

LZ—When you write a poem, do you work and work on it?

R—No, no. No, not at all. On poems, not at all. Now, on these recent stories [autobiographical stories] where I'm less sure, a bit.

LZ—So a poem is like a gift?

R—Yes, maybe I'll change a word here and there. Once in a while a word…I don't, I can't call it "to work on." I can't talk like that, the expression *to work on* a relationship, *to work on* a poem, I can't tolerate all these expressions *to work on*.

LZ—Why?

R—I don't like to work (laughter)! I like to be, but to work seems wrong. I'm lazy.

A poem happens. I can't call that work.

LZ—Where is God or religion in your work?

R—Like with 'work,' I have the same difficulty with *halacha* [Rabbinic laws of observance]. I love the idea but I can't work at it, I can't do what doesn't come to me naturally. I light the candles, I don't use fire, I don't write or paint on Shabbat, that's my creativity. Even if it appeals to me I restrain myself…But there is something in the world of *halacha* that prevents me from feeling the religious spirit.

LZ—But you study [religious texts] all the time—

R—I feel that my study is my religious act.

LZ—What about the clown in the poems, who is he? And the king? The investigator?

R—All those things, they're not particular characters…look through the world of mysticism—there's also the clown, the judge and the king's fool there. There's a fool in the world, there's a king in the world, even if there's no king there's the substance of king…also in the Zohar [Jewish Book of Mysticism] David is the king's fool "badhana de malka" [in Aramaic]. In the Zohar God is the king and David is his fool.

LZ—Do you study Zohar?

R—I am studying a bit this year, once a week. I can't say I know it well or in depth but each time I learn something it awakens in me a sense of familiarity. Even though it's new I feel it's familiar, that I know it already.

LZ—So it's part of your material.

R—Yes like the Shoah, like the Tanach.

LZ—Is there any school of thought or ideology or orthodoxy or any framework of thought that has guided you in your writing or in your life?

R—I don't know.

LZ—Is there any structure?

R—Yes, but you can't grasp it.

LZ—In Judaism?

R—I don't need a structure. Also in Kaballah there are *sefirot* [spheres]. Each *sefira* is a kind of *mahut* or substance in the world. Each kind of *sefira* is a certain expression of God, a way that divinity expresses itself.

LZ—In your writing do you think about these things?

R—No. All these things I'm telling you—that's one thing...When I write poems that's another thing. When I write poems it's totally different from what I think.

LZ—When you write do you struggle between intellectuality and writing?

R—No. Writing—it's simply, thank God, my blessing, it's what leads me.

When I write, something comes out and it writes itself. I can be very happy and write a sad poem, I can be the opposite, the poem knows.

LZ—You once said that you love, but still don't understand Hebrew.

R—Yes, Hebrew, I feel...is the pattern of my existence, as though everything is found inside the language. I feel that the *shape* of my existence is in the language, it's like my DNA...in Kaballah, the world is created of *sefirot* and letters...

LZ—What did you mean when you said you don't understand Hebrew?

R—It's an endless research to enter into the Hebrew language...Studying Torah you suddenly see a word and it means not its usual meaning but its opposite, you suddenly realize there are all sorts of codes, all you know you don't know, you're next to a word you've heard a thousand times and suddenly 'oy!' essentially in that word is a specific meaning you didn't realize, couldn't have imagined—

LZ—The fact you write in Hebrew, is that a privilege?

R—Yes of course.

LZ—What about Yiddish, were you embarrassed that you and your parents spoke it?

R—No. I love it to this day. Today I have hardly anyone to speak Yiddish with. With my mother I can hardly speak, she's not in good shape, but with her I speak Yiddish.

LZ—Did you learn Polish?

R—No. My parents didn't want a connection—they spoke it only with people who came to visit. They didn't want a connection with Poland.

LZ—And the Shoah—was it clear to you from the start, not a secret that you had to discover, not something you had to wait till your father's death to know?

R—Not a secret, no, the opposite. From the time I was born—a friend of ours told me, he too as a boy lost his family—he'd come to us to visit, I was a year old, and my father would hold me in his arms and throw me up and down and I laughed and laughed and laughed. Each time he threw me up he'd yell in Yiddish "Rivkela Rivkela where's Savta?" "Killed." "Rivkela Rivkela where's Miriam?" "Killed." "Rivkela Rivkele where's Chaim?" "Killed." He'd say all the names and I'd laugh and laugh. I was a year old, I feel I absorbed it from the start. It wasn't a world in which you couldn't talk about these things, it was the world, it was my swing "where's grandma" "where's Chaim" like a lullaby—it's not just a story it's the real thing. It was a form of play and that's life—it's not only about fairies, that's the thing.

LZ—Once when we discussed the poems that you felt were connected to the Holocaust, we talked about a poem in which one sleeps with one's parents:

"Happy is the man who sleeps with his parents…at the opening of eyes…" You said that if we lost everything, if everything ended, then we'd have to start from the beginning with our parents—what did you mean?

R—I think usually in a normal situation there's past and there's present and then two people get together, they make love in order to make a future, to give birth to a future.

In my situation, and it's not just my situation but also for the daughters of Lot after Sodom was destroyed, or after the flood, you sleep with your parents in order to give birth to the past. Because there is no past. Not just that you sleep together to go forward to give birth to a future, but also to go backwards to the past to give birth to the past because there's no past…"honor your parents and you'll have a long life…" as if, what? you'll honor them and live longer? Yes, if you honor them your life doesn't start the day when you were born but when they were born…If you honor your grandmother, if your children, your grandchildren, my grandchildren, hear these stories, their lives suddenly start when I was born…even earlier, with the stories in me.

LZ—What about the people you and your parents lost?

R—They are inside me. By way of the connection with your parents the world is resurrected, you build again for the resurrection of the world.

LZ—You write—in your most recent book—about Chaya and Shlomo and your grandmother who perished in the Holocaust. Now they have names. In your earlier books they were unidentified, even oblique.

R—There's another one in the previous book on Leibish.

LZ—Do you have any idea why you are writing about them now with more detail…why their stories are more explicit than in the past?

R—I don't know. I'm trying to think. Maybe it's psychological, which I don't like.

Maybe because I feel I'm old and ready to die so I am leaving my children things that are more explicit. The last books are more of a testimony, a will for my children. The earliest poems about my grandmother I wrote when I was fourteen. Afterwards for many years people said that I was a poet of the Holocaust. Everyone needs a title I guess. When I was a girl I didn't think there was such a thing, a poet of this or that, since everyone has his or her own world. But then I realized life keeps taking me to new places. And now—not in a tragic way—I feel I'm close to the end—not that I'm about to die tomorrow, maybe yes, but I feel that all the books lately are a kind of testimony and I am leaving my last things in a certain place.

LZ—The important things?

R—I don't know. It's like the poem "And you shall teach" when you tell your children what life is. Maybe all these things therefore are more explicit about the Shoah or the fate of the Jews.

LZ—You write about the fate of the Jews?

R—Not in a direct way. You know those poems where someone is waiting all the time from somewhere in the hills?

LZ—I thought that was God.

R—Not necessarily. I don't know. It's not clear. Maybe it's God. Or maybe it's your enemy who hates you who is looking, waiting and you don't know what he'll do. Maybe we don't know what he wants to do. I keep feeling all the time lately—these years for me—Yaali in the war—the trauma—at the time of the disengagement—an enormous fear and then the war afterwards...suddenly I am feeling this enormous fear for our fate, our existence. More than I ever felt before—

LZ—Do you have hope for change?

R—Not now, not in the near future. I hope it will pass but I'm afraid I feel fear about everything.

LZ—Did the fear get into the poems?

R—Maybe, but not in a conscious way...suddenly [during the disengagement] I felt the Israelis were acting like the *maskilim* [intellectuals] at the time of the enlightenment, and the settlers were the Jews they hated to be associated with. The intelligentsia thought if we dress like the Germans and talk nice and don't have beards and use deodorant then they won't hate us...if we use toothpaste and wear suits they won't kill us. Suddenly I felt a hatred of the Jew among the Israelis. That was very hard for me. I'm very Israeli. I'm not part of the *haredim* [ultra-orthodox] or part of *Gush Emunim* [the settler movement]. I don't observe the *mitzvot* or everything that's written.

LZ—I remember a story about your father returning to religious practice during the war—

R—Before the Shoah he gave up all the religious practice of his family. At sixteen he received *smicha* [Rabbinical ordination] from the Rabbinate and at seventeen he shaved off his *payot* [sidelocks]. He was a rebel, but afterwards, during the time of the Shoah, he didn't know what had happened to his family. There were five of them hiding together, my father and mother and three others who thought they were the last Jews left in the world. There's a *pasuk* [line of Torah] in which God says "I will be with him in his trouble." My father reversed it. He said that God had been left alone and "I will be with

Him in His sorrow." He thought the great God of the Jews had lost his people and was all alone. While they were hiding, my father and my uncle tried to recreate the *siddur* from memory, to remember the holidays, to figure approximately when it was Yom Kippur and when it was Pesach because they thought that they five people were the only ones left in Europe. He who was the big rebel decided to keep God company in His sorrow!

LZ—You've received a lot of recognition, prizes for your work—

R—Well, some. Twice the Prime Minister's Prize which is good and others smaller but it doesn't matter. I feel my poems have a direction that's not conventional…that for some people there's difficulty with my language. There are a few things, first of all something religious, let's say, and on the other hand there's something still harder, something national. That's more difficult, even people looking for something religious have a hard time with the nationalistic…look for example at the "new age," it's a renaissance for the world of spirituality but there's no space at all for nationalism within spirituality.

LZ—Many Israeli poets today respond to Israel and the land with irony—

R—Yes, the modern poets—before, there were many like me, Alterman, Shlonsky, a whole generation before Natan Zach, everyone was like that. Now all the Israelis—the artists, the humanists, are living more within the universal intellect. I don't live there, my inner secret—there's a *midrash* [story] I love—in Torah it says each day of the week God created three things, first the spirit of the thing, then the body. On the first day God said let there be light and dark and *tehom* [the void], and so on till Friday when he was supposed to create six things, three for Friday and three for Shabbat. On Friday he made the spirit but before he finished and made the body, Shabbat came and he had to stop…so there was the abstract but not yet the body to connect with it. These are the things called *mezikim*, demons, things that harm, these he didn't finish making and they remained abstract. They go around the world looking for a body. The spirit was ready but not the body. It means that a thing that's just spiritual is harmful...The demons have spirit but no body...to be a person in the Jewish way is to have a spirit and a body. It's not like in Hinduism where the ideal is to be outside the body, but rather through the body you won't be harmful and so with Israel, you have earth, place...it's not just an abstract idea. *Eretz Israel* [the Land of Israel] is also *Am Yisrael* [the people of Israel]. The Jewish People is an idea but the idea is embodied in the land of Israel. It's the body of the people. The spirit can't move around without its body, the land. All the time that people move around without a body, there's no spirit.

LZ—You have been meeting for many years with a small group to study Jewish texts. I understand that it's a large part of your life, not only your study but also your *chavruta* [study group for Jewish texts]—

R—I don't go to literary cultural evenings, but I feel the people I meet with are like windows through which I breathe the world...I also feel we're part of the same thing. I hear your personal stories, it touches me, I think I'm like that, it broadens my experience, friendship widens my spectrum, your story becomes part of my experience, what's yours becomes mine.

LZ—So now we have a book of yours that will come out in English. How does that feel?

R—Like you said about A.B. Yehoshua [who said he cares only about what his readers here in Israel think of his work], I'm happy and I love you and all these years we've worked together—that does me good and something comes out of all our work like a baby, but the true place of my creativity is here in Israel. There's also a sense I won't be understood in English. Something in the music is lost. You can't read Torah in English, there's something in the language. I don't know English well enough, but there's something in the Hebrew language about the place the landscape the mountains...

LZ—Do you feel this place is heavy? A burden?

R—No I feel the place only gives me strength. The place…it's like an atom that has the strength to explode something but on the other hand it also is the strength for life.

The same thing that can destroy everything contains all the energy in the world…Judaism, Israel, Hebrew, the whole complex…

LZ—You don't write about politics directly—but you wrote about the disengagement.

R—with sadness. It's not a question of to do it or not to do it, but for so many people in Israel—the land doesn't matter to them. So we have to return Hebron or Bet El, but at least say our heart is broken. Bethlehem—all the places of our history—even for peace—where's the pain? It doesn't hurt anyone, none of my friends—they've never seen Bet El and they don't want to see it. They don't say ok it's a place in the Tanach, instead they say we don't want to see it.

LZ—Do you feel connection to any Zionists in history?

R—Of course. Many. There's AD Gordon, he's most known for what he called the "religion of work," the idea that through work one can reach a spiritual place. It's correct, but what he said is so much deeper, more complex, relating to God and texts. If you read his work it's connected to Kabbalah, the world of creation, it's Zionist, Jewish. He was a *talmid hacham* [a learned Jew]. At age forty-eight he came from Europe during the Second Aliya. He had a very religious anti-Zionist son who stayed in Europe. Here they called him the "old man," he was like a father to everyone, including Rachel the poet and Brenner. He was revolutionary in contrast to those Jews who stayed in Europe—he succeeded in doing very hard physical work here, and he influenced many…there were generations of such people, even Rachel the poet in a different way. There were people who came here, where the reality and the dream and the mysticism and realism were the same thing, each in his or her own language… in this way I'm not a cultural Zionist…I'm an existential Zionist… No not existential…It's my very existence…

LZ—So you're part of that Zionist tradition, together with your father…

R—Yes, I think once there were many people like that. You know for example Jews who came to Israel—a large part of them knew and studied Judaism since childhood. They had the language, even if they didn't speak Hebrew at home they had it inside them, and like my father but not just my father, each place they went, they knew the landscape, they went to Safed and they knew about the mountains, they went to the Galil and recognized every village from the Gemarah, the Zohar…Nowadays a person is either religious or secular… and for a lot of religious people today there's a big discussion—it's Judaism instead of Zionism. People sing lines from the siddur but they don't sing about the tree outside, it's either the Biblical passages or a woman and tree and a cup of coffee, they can't do both. Such a dichotomy didn't exist before…little by little now, a religious person writes only religious songs from the sources and someone secular only writes secular songs…but it's not that rich mixture, not what we wanted to return to in the land, it's either/or…

August 2007–August 2008

Acknowledgments

Grateful acknowledgment is made to the following journals where some of these poems have been published: *Ariel, Blue Oleander, Calyx, The Jerusalem Post, The Jerusalem Review, The Literary Review, Maggid, Modern Poetry in Translation, Nashim, Nextbook, Nightsun, Parnassus, World Literature Today* and *Zeek.*

"That Very Night" and "From Poems of Stone Mothers" were included in *The Defiant Muse: Hebrew Feminist Poems,* The Feminist Press, 1999. "The Tune to Jacob Who Removed the Stone from the Mouth of the Well" was included in *Modern Poems on the Bible,* Jewish Publication Society, 1994.

For their generous support of the publication of this book, the author would like to thank The Harold Grinspoon Foundation, Diane Troderman, the Kaplan Program for American Literature at Bar Ilan University under the directorship of Sharon Baris, and Jean Freedman.

I want to express my deep gratitude to Aliza Raz-Melzer for her patience and assistance, to David Jacobson, Gabriel Levin, and Avivah Zornberg for their invaluable insights and suggestions, and to Donald, always, for everything.

Award-winning Israeli poet **Rivka Miriam** was born in 1952 in Jerusalem, where she continues to live and work. Daughter of the renowned Yiddish writer Leib Rochman and named for his mother and sister who perished in the Holocaust, Rivka Miriam's first poetry collection was published in 1966, when she was 14. She has published twelve books of poetry, two collections of short stories, one collection of autobiographical stories and three children's books. Rivka Miriam has twice been the recipient of the Prime Minister's Award. Her books include *Poems of Stone Mothers* (1988), *Place, Tiger* (1994) *Nearby Was the East* (1996), *Resting Jew* (2000) *Said the Investigator* (2005) and *My Father Commanded Me Not to Die* (2007). Also a painter, Rivka Miriam has for many years been involved in various Jewish Studies Programs in Jerusalem.

Linda Stern Zisquit has lived in Israel since 1978. She has published three collections of poetry, most recently *The Face in the Window* (Sheep Meadow, NY, 2004) as well as several volumes of translations from the Hebrew, including *Open-Eyed Land: Desert Poems of Yehuda Amichai, The Book of Ruth, Wild Light: Selected Poems of Yona Wallach* (Sheep Meadow, 1997) and *Let the Words*, an expanded collection of Wallach's work, published in 2006. She teaches at Bar Ilan University, and runs ARTSPACE, an art gallery in Jerusalem.

The fonts used in this book are from the Garamond & FrankReal families

Other works in the Hebrew Classics series
may be seen at www.tobypress.com